Die alten Ägypter

Rechte der angelsächsischen Ausgaben
Weldon Owen Pty Limited
43 Victoria Street, McMahons Point, NSW 2060, Australia
© Copyright Weldon Owen Pty Limited

Chairman: Kevin Weldon
President: John Owen
Publisher: Sheena Coupe
Managing Editor: Rosemary McDonald
Project Editor: Ann B. Bingaman
Text Editor: Claire Craig
Educational Consultants: Richard L. Needham, Deborah A. Powell
Art Director: Sue Burk
Designer: Lyndel Donaldson
Series Design Consultants: Alex Arthur, Arthur Brown
Assistant Designer: Angela Pelizzari
Picture Research Coordinator: Jenny Mills
Picture Research: Amanda Weir
Production Director: Mick Bagnato
Production Coordinator: Simone Perryman
Vice-President International Sales: Stuart Laurence
Coeditions Director: Derek Barton

Consulting Editor: Dr. George Hart
Text: Judith Simpson

Grafiken: Paul Bachem; Kerri Gibbs;
Mike Gorman; Christa Hook/Bernard Thornton Artists, UK;
Richard Hook/Bernard Thornton Artists, UK; Janet Jones; Iain McKellar;
Peter Mennim; Paul Newman; Darren Pattenden/Garden Studio;
Evert Ploeg; Trevor Ruth; Ray Sim; Mark Sofilas;
C. Winston Taylor; Steve Trevaskis; Rod Westblade

Alle Rechte vorbehalten.
Kein Teil dieses Werkes darf ohne Genehmigung des Verlages
nachgedruckt, in Datenverarbeitungsanlagen gespeichert oder
durch Fernsehsendungen, auf elektronischem, mechanischem,
photomechanischem oder ähnlichem Weg sowie
durch Tonbandaufzeichnungen wiedergegeben werden.

Ungekürzte Buchgemeinschafts-Lizenzausgabe
der Bertelsmann Club GmbH, Rheda-Wiedenbrück,
der Buchgemeinschaft Donauland Kremayr & Scheriau, Wien,
und der angeschlossenen Buchgemeinschaften

Titel-Nr. 08305 5
Printed in Germany

Redaktion und Herstellung: Redaktion Thiel·Würmli, Tutzing
Druck und Bindearbeiten: Mohndruck Graphische Betriebe GmbH, Gütersloh

Die alten Ägypter

DEUTSCHE BEARBEITUNG

Hans Peter Thiel
Marcus Würmli

ENTDECKE DEINE WELT

Inhalt

 • EIN ALTES REICH •

Tal und Wüste	6
Die Macht der Pharaonen	8
Gottkönige	10
Rangordnung	12
Götter	14
Gottesdienst	16

 • DAS JENSEITS •

Das Leben nach dem Tod	18
Mumien	20
Reise zu Osiris	22
In Stein gesetzt	24
Bau einer Pyramide	26
Im Tal der Könige	27
Große Tempel	32

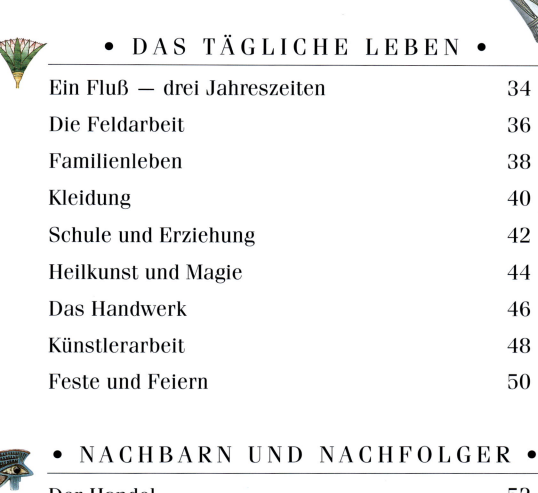

• DAS TÄGLICHE LEBEN •

Ein Fluß — drei Jahreszeiten	34
Die Feldarbeit	36
Familienleben	38
Kleidung	40
Schule und Erziehung	42
Heilkunst und Magie	44
Das Handwerk	46
Künstlerarbeit	48
Feste und Feiern	50

• NACHBARN UND NACHFOLGER •

Der Handel	52
Verteidigung des Reiches	54
Zusammenbruch Ägyptens	56
Wiederentdecktes Ägypten	58
Ägyptische Herrscherhäuser	60
Fachbegriffe	62
Register	64

DIE FELSEN VON THEBEN
Die Westgrenze des Niltales bei Theben wird von Kalksteinfelsen gebildet. Die Pharaonen bauten am Rande des Schwemmlandes riesige Tempel sowie Grabmäler in den Hügelgebieten jenseits des Stromes.

Alexanders Alexandrien
Alexander der Große fiel 331 v. Chr. in Ägypten ein und plante eine große Stadt mit seinem Namen.

Die Pyramiden von Gise
Die Pyramiden und die Sphinx von Gise sind wichtige Landmarken des alten Ägypten. Sie waren schon in großer Entfernung von der Wüste aus zu sehen.

Tempel der Königin Hatschepsut
Die Königin Hatschepsut herrschte von 1503 bis 1482 v. Chr. Sie ließ am Westufer des Nils bei Deir el-Bahari einen Terrassentempel mit herrlichen Gärten errichten.

Abu Simbel
Ramses II. ließ in der Wüste bei Abu Simbel in Nubien zwei riesenhafte Tempel bauen. Sie wurden aus Sandsteinfelsen herausgeschlagen.

Tempel in Karnak
Das alte Karnak war ein wichtiges religiöses Zentrum. Elegante Papyrussäulen trugen die schweren Dächer auf den riesigen Tempeln.

• EIN ALTES REICH •

Tal und Wüste

Vor vielen Jahrtausenden siedelten sich Menschen entlang dem Nil an. Dieser Fluß durchschnitt die Wüste und versorgte die Bewohner mit Wasser. Im südlichen Oberägypten bildete das Niltal nur einen schmalen Streifen. Das Nildelta in Unterägypten hingegen war eine große Schwemmlandebene mit vielen Flußarmen. Jedes Jahr trat der Nil über seine Ufer und hinterließ auf dem Boden eine fruchtbare Schlammschicht. Dieses Land nutzten die alten Ägypter für den Anbau von Pflanzen. Jenseits davon lag eine fast unendliche Steinwüste, in der es kaum jemals regnete und wo so gut wie nichts wuchs. Das fruchtbare Niltal und die Wüste grenzten so scharf aneinander, daß man mit dem einen Fuß auf fruchtbarem Boden stehen konnte, mit dem anderen aber auf heißem Sand. Wölfe und Schakale jagten am Rand der Wüste. Feinde in Menschengestalt konnten die Wüste jedoch kaum überqueren und das alte Ägypten ernsthaft bedrohen.

JAGD IM SUMPF
Der Jäger erlegte die Vögel mit einem Wurfholz, nachdem eine abgerichtete Falbkatze sie aus den Papyruswäldern aufgescheucht hatte.

LAND DES LOTOS
Man kann Ägypten mit einer Lotospflanze vergleichen. Das Niltal ist der Stengel, das Delta die Blüte.

ES MEER

DIE KULTUR IM ALTEN ÄGYPTEN

Nilpferdjagd

ALTSTEINZEIT
Vor 12000 v. Chr.
Die ersten Ägypter jagten Löwen, Wildziegen und Rinder auf dem Land, Nilpferde und Krokodile in Sumpfgebieten.

Jungsteinzeitliche Keramik

JUNGSTEINZEIT
Beginn um 4500 v. Chr.
In dieser Zeit entdeckten die Menschen das Feuer. Sie begannen Tiere zu züchten und Pflanzen anzubauen.

ZEIT DER ZWEI REICHE
Beginn um 3000 v. Chr.
Die Menschen bauten Dämme zur Bewässerung ihrer Felder. Narmer vereinigte um 3100 v. Chr. Ober- und Unterägypten.

Prunkpalette Narmers

Thutmosis IV.

ZEIT DER PHARAONEN
2920 bis 332 v. Chr.
Während dieser langen Zeit war Ägypten ein mächtiges Land. Die Menschen errichteten viele Denkmäler und trieben Handel.

Mehr darüber in Ein Fluß — drei Jahreszeiten

• EIN ALTES REICH •

Die Macht der Pharaonen

Die Kultur des alten Ägypten begann vor rund 5000 Jahren mit der Herrschaft der Pharaonen. Sie machten aus Ägypten eine reiche, mächtige Nation, die damals in der ganzen Welt bewundert wurde. Die Pharaonen befahlen den Bau von Tempeln für die Götter und ließen für sich selbst Pyramiden errichten. Einige Herrscher wie Pepi II. kamen jung auf den Thron und blieben viele Jahre an der Macht. Die Söhne eines Pharaos erbten stets den Thron. Die Frauen der Pharaonen spielten eine bedeutende Rolle, obwohl nur wenige allein regierten. Handwerker stellten für die Pharaonen und ihre Familien prächtige Gegenstände her. Sie verwendeten dazu Gold aus Bergwerken in der Wüste und Schmucksteine. Das Pharaonenpaar stellte bei Prozessionen, Tempelbesuchen und Empfängen für Gesandte seinen Reichtum und die eigene Macht zur Schau.

EINE KÖNIGLICHE REISE
Die prächtige Barke des Pharaos auf dem Nil war für das Volk ein sichtbares Zeichen für den Reichtum und die Macht ihres Gottkönigs und seiner „großen königlichen Gemahlin".

DIE DYNASTIEN DER PHARAONEN

FRÜHZEIT
2920 bis 2575 v. Chr.
Ober- und Unterägypten waren nun vereinigt. Aus der Zeit, die noch im dunkeln liegt, gibt es keine datierbaren Bauwerke.

Vase aus Stein

ALTES REICH
2575 bis 2134 v. Chr.
In dieser Zeit entwickelten sich das Handwerk und die Architektur. Man spricht auch vom Zeitalter der Pyramiden. Mit den Hieroglyphen schrieb man Texte auf die Wände im Inneren der Grabkammern.

Bierbrauerin

ERSTE ZWISCHENZEIT
2134 bis 2040 v. Chr.
Nach der 6. Dynastie regierte eine Reihe von schwachen Pharaonen. Die Vorsteher der Gaue, die Nomarchen, strebten nach mehr Macht. Niedrige Nilfluten führten zu Hungersnot.

MITTLERES REICH
2040 bis 1640 v. Ch
Mentuhotep II. einte Ägypten erneut. Dar blühte der Handel w der auf. Die Pharao der 12. Dynastie ließ Kanäle und Deiche f die Bewässerung ba

Pharao Mentuhotep II.

UNTERTANEN
Beamte und Tributpflichtige, Soldaten und Sklaven standen neben den riesigen Säulen des Tempels, um ihren Herrscher zu begrüßen.

PHARAONENPRUNK
Am Bug des Schiffes wachte eine Sphinx. Die Barke war von Gold überzogen und mit Schmucksteinen eingelegt.

SICHERE LANDUNG
Die Ruderer waren sehr geschickt, und die schlanken Schiffe lagen außerordentlich sicher im Wasser.

ZWEITE ZWISCHENZEIT
1640 bis 1550 v. Chr.
Die Hyksos aus dem Nahen Osten drangen ins Nildelta ein, besiegten die Pharaonen und beherrschten ganz Ägypten.

NEUES REICH
1550 bis 1070 v. Chr.
Amosis I. vertrieb die Hyksos. Die Pharaonen nach ihm dehnten die Grenzen Ägyptens aus und errichteten ein Großreich.

Streitwagen

DRITTE ZWISCHENZEIT
1070 bis 712 v. Chr.
Die Macht über das Land teilten sich nun die Pharaonen und die Hohepriester.

SPÄTZEIT
712 bis 332 v. Chr.
Ägypten wurde nun von Nubiern, Assyrern und Persern erobert. Im Jahr 332 v. Chr. befreite der makedonische König Alexander der Große Ägypten von der persischen Herrschaft.

Alexander der Große

Mehr darüber in Verteidigung des Reiches

• EIN ALTES REICH •

Gottkönige

Eine alte ägyptische Sage berichtet, daß Osiris einst vom Sonnengott Re gesandt wurde, um das Land zu regieren. Deswegen hielten die Ägypter alle späteren Pharaonen für Gottkönige, die vom Gott Re abstammten. Die Pharaonen mußten viele Zeremonien über sich ergehen lassen. Sie mußten sich auf bestimmte Weise kleiden und waschen und erhielten besondere Speisen. Jeden Tag gingen sie in den Tempel, um ihren Ahnen Nahrung anzubieten. Die Menschen erwarteten von den Pharaonen, daß sie kräftig waren, sich auf die Jagd verstanden und das Heer siegreich ins Feld führen konnten. Die Untertanen glaubten auch, die Gottkönige würden die Nilüberschwemmungen, das Wachstum der Pflanzen und den Erfolg im Handel bestimmen. Alle knieten nieder und küßten den Boden, wenn sie sich einem Mitglied der Pharaonenfamilie näherten.

SCHON GEWUSST?
Nach dem Tod ihres Gemahls Thutmosis I. regierte Hatschepsut für ihren erst vierjährigen Stiefsohn Thutmosis II. Sie blieb 20 Jahre an der Macht. Statuen zeigen sie mit angesetztem Kinnbart als Zeichen ihrer Königswürde.

PHARAONENNAMEN
Die ovalen Ringe mit Hieroglyphen im Inneren heißen Kartuschen. Sie umschließen die Namen von Pharaonen. Zwei davon bilden den vollständigen Namen eines Königs. Als man dies wußte, konnten die Hieroglyphen leichter entziffert werden.

Haremheb

KÖNIGLICHE GEMAHLIN
Auch die Gemahlinnen der Pharaonen galten als göttlich und nahmen am Leben des Königshofes teil. Auf dieser bemalten Kalksteinbüste trägt Königin Nofretete eine Krone und ein juwelengeschmücktes Halsband. Sie war die Frau des Pharaos Echnaton und half ihm, am Ostufer des Nils in Mittelägypten eine neue Stadt zu gründen, Amarna. Nur wenige Frauen regierten in Ägypten. Dies war meist nur eine Verlegenheitslösung am Ende einer Dynastie. Die einzig starke Herrscherin war Hatschepsut.

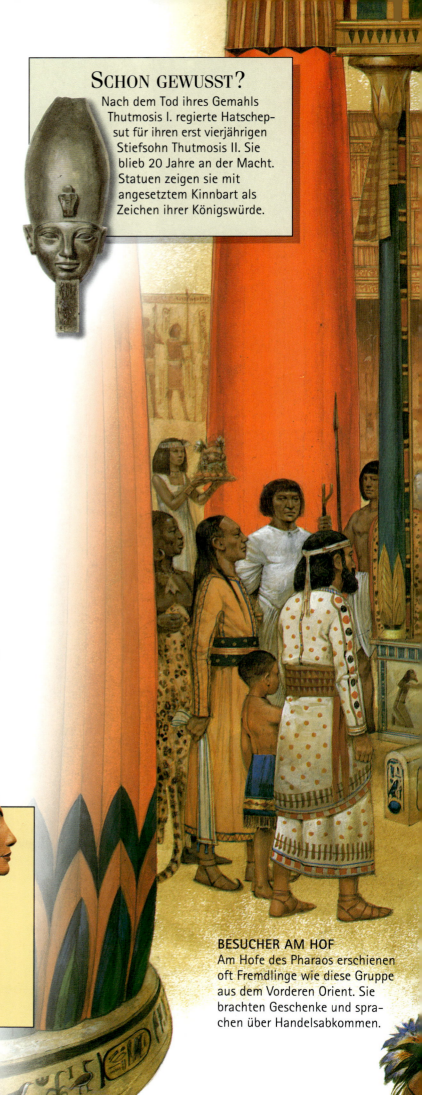

BESUCHER AM HOF
Am Hofe des Pharaos erschienen oft Fremdlinge wie diese Gruppe aus dem Vorderen Orient. Sie brachten Geschenke und sprachen über Handelsabkommen.

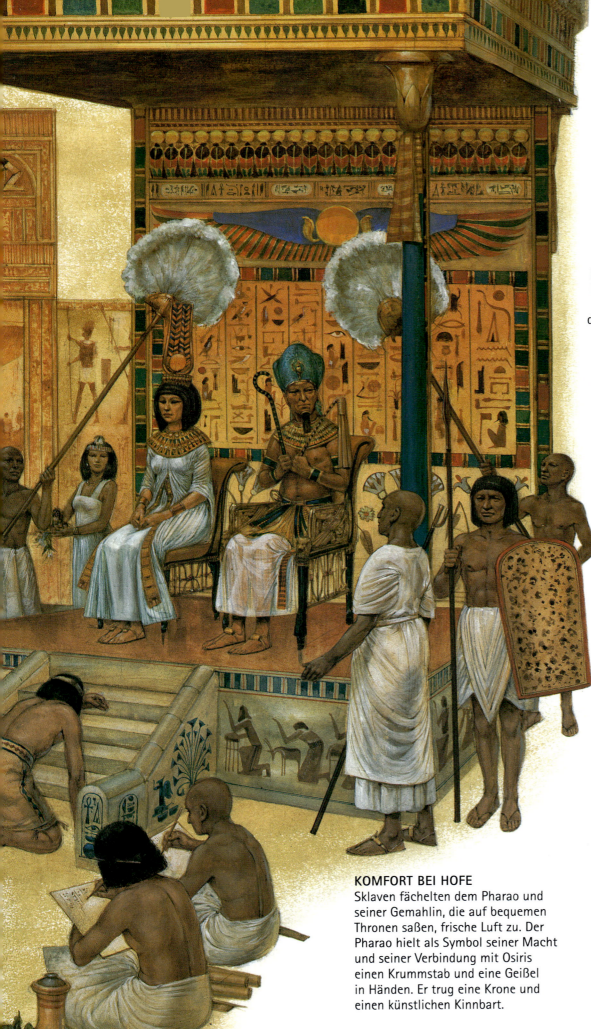

Weiße Krone

Rote Krone

KRONEN ZUR WAHL
Die Pharaonen trugen verschiedene Kronen: die weiße Krone Oberägyptens, die rote Krone Unterägyptens, die Doppelkrone für beide Landesteile, die Atefkrone des Osiris oder die blaue Krone.

Doppelkrone

Atefkrone

Blaue Krone

KOMFORT BEI HOFE
Sklaven fächelten dem Pharao und seiner Gemahlin, die auf bequemen Thronen saßen, frische Luft zu. Der Pharao hielt als Symbol seiner Macht und seiner Verbindung mit Osiris einen Krummstab und eine Geißel in Händen. Er trug eine Krone und einen künstlichen Kinnbart.

KÖNIGSTHRON
Der mit Goldblech verzierte Thron von Tutanchamun zeigt ihn mit seiner Frau Anchesenamun.

TÖPFERMARKT
Die Ägypter stellten allerlei Gefäße aus Keramik her.

TRÄGER
Reiche Ägypter ließen sich ihre Einkäufe von Trägern nach Hause bringen.

• EIN ALTES REICH •

Rangordnung

Die altägyptische Gesellschaft war wie eine Pyramide aufgebaut. Ganz oben stand der Pharao. Auf ihn folgte der Wesir, der die Steuerabgaben eintrieb. Er überwachte auch die Landwirtschaft und Bewässerung des Landes und vertrat den Pharao bei Gericht. Die Regierung umfaßte noch weitere Mitglieder, die oft der königlichen Familie angehörten. Die Nomarchen herrschten über einen Gau. Die Frauen durften Güter besitzen, konnten aber an den Regierungsgeschäften nicht teilnehmen. Die Schreiber und alle Beamten genossen hohes Ansehen, weil sie lesen und schreiben konnten. Großen Einfluß hatten auch die Tempelpriester. Die Handwerker waren in der Rangordnung weiter unten angesiedelt. Die Bauern und Bauarbeiter bildeten die größte Gruppe am Fuß der Gesellschaftspyramide. Sklaven, die im Krieg gefangen wurden, besaßen keine Rechte. Jeder glaubte, seine Stellung sei ihm von den Göttern zugewiesen.

AUF DEM MARKT
Die Menschen brachten Waren auf den Markt, um sie gegen andere Güter einzutauschen.

VIEHZÄHLUNG

Angaben über Besitz und Reichtum machte man im alten Ägypten nicht mit Geld, sondern mit Rindern. Meketre, einst Bürgermeister in Theben, besaß eine große Rinderherde. Das Modell aus seinem Grab zeigt, wie die Tiere vor ihrem Besitzer und den Beamten gezählt wurden. Dies war ein jährlich wiederkehrendes Ereignis. Die Schreiber der Regierung notierten die Zahlen sorgfältig auf Papyrus. Daraus berechneten sie, wie viele Tiere Meketre dem Pharao als Steuer abgeben mußte.

FRAUENARBEIT
Das Mahlen von Korn, das Backen, das Ernten, das Spinnen und Weben war fast immer Aufgabe der Frauen.

FRISCHE NAHRUNG
Im heißen Klima Ägyptens mußten die Menschen das Essen frisch vom Markt besorgen. Nur wenige Nahrungsmittel wurden durch Trocknen konserviert.

GEWICHTE
Die Ägypter kannten noch kein Geld. Die Geschäftsleute verwendeten Kupfergewichte, die Deben, und setzten danach ihre Preise fest. Eine Ziege, die 1 Deben wert war, wurde gegen Gemüse im gleichen Wert getauscht.

EIN ALTES REICH

Götter

HILFE ZU HAUSE
Bes hatte die Ohren, die Mähne und den Schwanz eines Löwen. Dieser Dämon brachte dem Haus Glück und schützte es vor Unheil.

ERSCHEINUNGS-FORMEN
Thot, der Gott des Schreibens und Wissens, wurde oft als Pavian dargestellt. Manchmal besaß er auch den Körper eines Mannes mit einem Ibiskopf.

Die Religion spielte im Leben der alten Ägypter eine wichtige Rolle. Sie verehrten Hunderte von Göttern. Der Sonnengott Re oder Amun-Re wurde von allen angebetet, besonders während des einmonatigen Festes zur Zeit der Nilflut, in der die Bauern auf den Feldern nichts tun konnten. Jeder der 42 Gaue hatte auch noch seine eigene Schutzgottheit. Zu Hause wandten sich die Menschen mit ihren alltäglichen Problemen an weniger bedeutende Gottheiten. Viele Götter traten in Tiergestalt auf, etwa Bastet, die Göttin der Liebe und Freude, als Katze. Sehr häufig waren auch menschliche Figuren mit Tierköpfen, wie der ibisköpfige Thot, der Gott des Wissens. Auch die Götter hatten eine Familie. Isis und Osiris waren Mann und Frau, und ihr Sohn war Horus.

PAPYRUSWEIDE
Die Kuh im Papyrusfeld stellt die Göttin Hathor dar. Sie sorgte für Fruchtbarkeit und glückliche Geburten.

LÖWENKOPF
Die mächtige Göttin Sachmet wurde als löwenköpfige Frau dargestellt.

Thot

Re

Hathor

PARADE DER GÖTTER
Sieben der wichtigsten Götter sind hier abgebildet. Sechs davon tragen das heilige Lebenszeichen.

GOTT DER UNTERWELT
Osiris wurde mit einer Krone aus Binsen und Straußenfedern dargestellt. Er trug einen Krummstab und eine Geißel als Zeichen für seine Herrschaft über die Unterwelt.

NAHRUNGSSPENDERIN
Isis zog Horus auf und verbarg ihn vor seinem niederträchtigen Onkel Seth, bis er groß war. Seth ermordete Osiris und versuchte auch Horus umzubringen. Isis half dem Horus, seinen Vater zu rächen, indem sie Seth mit Zauberkünsten täuschte.

Anubis · Osiris · Isis · Horus

EIN SCHAKALGOTT
Anubis wurde bisweilen als Schakal oder als Mensch mit einem Schakalkopf dargestellt. Er beaufsichtigte die Priester, welche die Leichname einbalsamierten.

DIE TÄGLICHE REISE DES SONNENGOTTES

Die Ägypter reisten gewöhnlich mit Flußbooten auf dem Nil. Sie glaubten nämlich, der große Sonnengott Amun-Re würde alle 24 Stunden quer über den Himmel ziehen wie sie mit einem Boot auf dem Wasser des Nils. In der Nacht durchquert er die Unterwelt der Geister und kehrt bei Sonnenaufgang zur Oberwelt zurück.

Mehr darüber in Reise zu Osiris

• EIN ALTES REICH •
Gottesdienst

Die Ägypter glaubten, daß die Geister der Götter ihren Sitz im Inneren der Tempel hätten. In den riesigen Gebäuden, die den Mittelpunkt jeder Stadt bildeten, waren viele Menschen angestellt. Das innerste Heiligtum diente als Schutz für die Götterstatue. Nur der Pharao und der Hohepriester durften diesen heiligen Ort betreten. Die einfachen Menschen legten geschriebene Gebete und Bitten außerhalb des Tempels ab, doch die Statue des Gottes sahen sie nie. Selbst bei Prozessionen verbargen tragbare Schreine die Figuren vor den Augen der Gläubigen. Frauen spielten bei einigen Ritualen zwar eine Rolle, doch waren die Hohepriester immer Männer. Sie kümmerten sich um die Statuen, wie wenn es sich um lebendige Menschen handelte: Sie wuschen sie, kleideten sie an und legten ihnen Schminke auf. Die Priester selbst mußten sehr reinlich leben. Sie badeten viermal am Tag, rasierten sich alle Haare ab und trugen Schurze aus feinem weißen Leinen.

FAHNENTRÄGER
Der Gott Horus hatte die Gestalt eines Falken. Er sitzt hier auf einer Stange, auf der einst bei Tempelprozessionen eine Fahne getragen wurde.

NAHRUNG FÜR EINEN GOTT
Der Hohepriester oder der Pharao brachten dreimal am Tag Essen und Trinken in das innerste Heiligtum. Vor jeder Mahlzeit wuschen sie die Götterstatue und kleideten sie in frisches Leinen.

MUSIK FÜR DIE GÖTTER
Dieser Klapperstab, das Sistrum, wurde bei heiligen Zeremonien verwendet. Er war das Zeichen der Göttin Hathor.

RITUELLES OPFER
Das steinerne Flachrelief zeigt, wie Pharao Ramses II. dem Gott Horus Weihrauch darbringt.

UNTERHALTUNG FÜR DIE GÖTTER
In den Höfen der Tempel sangen und tanzten Frauen für die Götter und führten akrobatische Kunststücke vor.

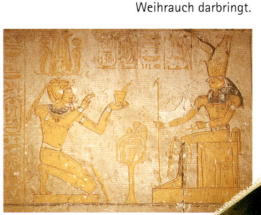

FESTTAGE
Die Priester stellten die Götterstatue in einen Schrein und trugen diesen in einer Prozession um den Tempelbezirk herum.

VERSIEGELUNG
Wenn der Hohepriester den Schrein verließ, verschloß er dessen Tür mit einem Schlammsiegel.

Ein Tempel für den Sonnengott

Mit der Beute aus den Eroberungsfeldzügen wurde der Tempel des Amun-Re in Karnak bezahlt. Der Säulensaal umfaßte 122 Papyrusbündelsäulen. An den Wänden des Tempels finden sich Berichte über die Siege von Sethos I. Der Tempelkomplex umfaßte einst Gärten, Haine und Unterkünfte für die Diener des Tempels.

Amun-Re

DER ERSTE DIENER DES GOTTES
Die Hohepriester vertraten den Pharao. Sie überwachten die übrigen Priester, die im Tempel ihren täglichen Dienst versahen.

Mehr darüber in Im Tal der Könige

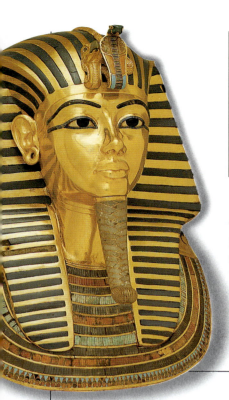

SELTSAM ABER WAHR
Im 16. Jahrhundert verwendete die europäische Medizin gemahlene Mumien. Ein französischer König behandelte seine Kriegsverletzung mit einer Mischung aus Mumien- und Rhabarberpulver. Daraufhin wurde er krank.

DIE FLÜGEL VON ISIS
An einer Ecke des Steinsarkophags von Ramses III. erkennen wir die schützende Gottheit Isis mit ausgestreckten Flügeln.

TUTANCHAMUNS MASKE
Diese lebensgroße Goldmaske mit eingelegten Schmucksteinen trägt eingravierte magische Sprüche. Sie schützte den Kopf von Tutanchamuns Mumie.

• DAS JENSEITS •

Das Leben nach dem Tod

Die Ägypter liebten das Leben und wollten auch nach dem Tod alle irdischen Freuden weiter genießen. Sie glaubten, daß jeder Mensch einen Geist besäße, der überlebt. *Ka* war die Lebenskraft, die bei der Geburt geschaffen wurde und beim Tode erlosch. Die Seele nannten die Ägypter *Ba*. Um ewig weiterzuleben, mußten *Ka* und *Ba* mit dem Körper nach dem Tod wiedervereinigt werden. Deshalb war es wichtig, den Leichnam zu erhalten. Arme Leute begrub man in der Wüste, wo ihre Körper austrockneten. Nahrung, Werkzeuge und Schmuck legte man neben sie, damit sie im Reich des Osiris etwas besaßen. Die Reichen ließen ihren Körper einbalsamieren und sich in großartigen Gräbern bestatten. Die Mumiensärge wurden in Sarkophage aus Stein gelegt, um sie vor Grabräubern und wilden Tieren zu sichern.

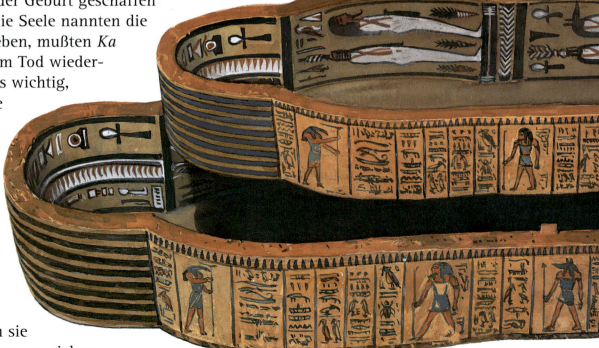

Deckel des äußeren Mumiensarges

Deckel des inneren Mumiensarges

Umwickelte Mumie mit Maske

Boden des inneren Mumiensarges

MUMIENSÄRGE
Die Särge aus Holz oder Papiermaché wurden mit Darstellungen von Göttern, mit Zaubersprüchen und Hieroglyphen bemalt. Oft hat man auch drei Mumiensärge ineinandergestellt.

Boden des äußeren Mumiensarges

TUTANCHAMUNS MUMIE
Die Archäologen befreiten die Mumie sorgfältig von den Binden und fotografierten sie. Die Forscher konnten nicht herausfinden, woran der junge Pharao gestorben war.

DER VOGEL BA
Dieses Bild des Vogels *Ba* stammt aus dem Totenbuch des Schreibers Ani. Auf einen Zauberspruch hin wird die Seele von Ani, sein *Ba*, in den mumifizierten Körper zurückkehren.

MUMIEN UND MODERNE WISSENSCHAFT

Mit modernen Verfahren können die Wissenschaftler heute Mumien untersuchen, ohne die Särge zu öffnen und die Mumien auszuwickeln. So untersuchten Ärzte mit Hilfe der Computertomographie in einem Londoner Krankenhaus den Körper einer 20 Jahre alten Frau.

Mehr darüber in Künstlerarbeit

• DAS JENSEITS •

Mumien

AUGEN AUS GOLD
In der Spätzeit legte man Augendarstellungen aus Goldblech in die Augenhöhlen der Leiche.

Wenn man Leichen einbalsamiert und langsam trocknet, verwesen sie nicht und werden zu Mumien. In Ägypten brauchte man dazu siebzig Tage. Die Priester entfernten Leber, Lunge, Magen und Darm und legten sie in besondere Behälter, die Kanopen. Später wurden diese im Grab neben die Mumie gestellt. Die Priester entfernten auch das Gehirn, ließen aber das Herz im Leichnam, damit der Gott Anubis es wiegen konnte. Sie wuschen den Leichnam mit Palmwein und legten ihn in Natronsalz ein, das Feuchtigkeit aufnimmt. Die Einbalsamierer rieben den Leichnam nach vierzig Tagen mit Öl ein, füllten das Körperinnere mit Gewürzen, Leinen, Sägemehl und Sand, so daß der Körper wieder seine ursprüngliche Form erhielt. Anschließend wickelten sie den Leichnam in Leinenstreifen, die in Harz getränkt waren. Zwischen die Leinenschichten legten sie Papyrusstreifen mit Zaubersprüchen und Amuletten. Am Ende wurde der Sarg mit der Mumie verschlossen.

LUFTREINIGER
Die Priester verbrannten Weihrauch, um die schlechten Gerüche zu vertreiben, die dem Leichnam entströmten.

BESONDERE WERKSTÄTTEN
Die Leichname wurden Werkstätten übergeben, in denen Priester als gelernte Einbalsamierer arbeiteten.

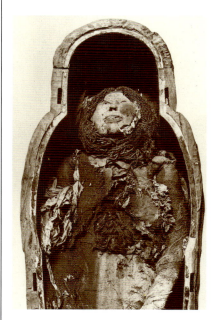

SCHLECHTE ARBEIT
Nicht alle Einbalsamierer waren Meister ihres Fachs. Das Gesicht dieser Königin zum Beispiel wurde zu stark ausgestopft.

KANOPEN
Die Söhne des Horus schützten Organe des Körpers: Amset die Leber, Hapi die Lunge, Duamutef den Magen und Kebehsnuf den Darm.

DIE ERSTE MUMIE

Der Sonnengott Re sandte Osiris und Isis einst nach Ägypten, um die Menschen zu lehren, wie sie leben sollten. Osiris wurde von seinem eifersüchtigen Bruder Seth umgebracht, der dessen Körper in 14 Stücken über das Land verstreute. Isis sammelte die Teile und verband sie mit Leinenstreifen. So entstand die erste Mumie. Isis wurde in einen Vogel verwandelt. Sie umfaßte Osiris mit den Flügeln und erweckte ihn so zu neuem Leben.

EIN VERTRETER VON ANUBIS
Dieser Priester hatte die Oberaufsicht. Er trug eine Schakalmaske, die Anubis darstellte, den Gott der Toten und des Einbalsamierens.

AMULETTE
Amulette sollten im Leben nach dem Tod Glück bringen. Die Einbalsamierer legten sie zwischen die Leinenstreifen, mit denen sie die Mumie einwickelten.

GRABSCHÄTZE
Tutanchamuns Grab enthielt viel wertvollen Schmuck. Er selbst trug diesen Falken auf der Brust.

DIE KUNST DES EINBALSAMIERENS
Die trockenheiße Luft in Ägypten war bei der Mumifizierung behilflich und unterstützte die Arbeit der Einbalsamierer. Die besterhaltenen Mumien stammen aus der Zeit des Neuen Reiches.

Mehr darüber in Heilkunst und Magie

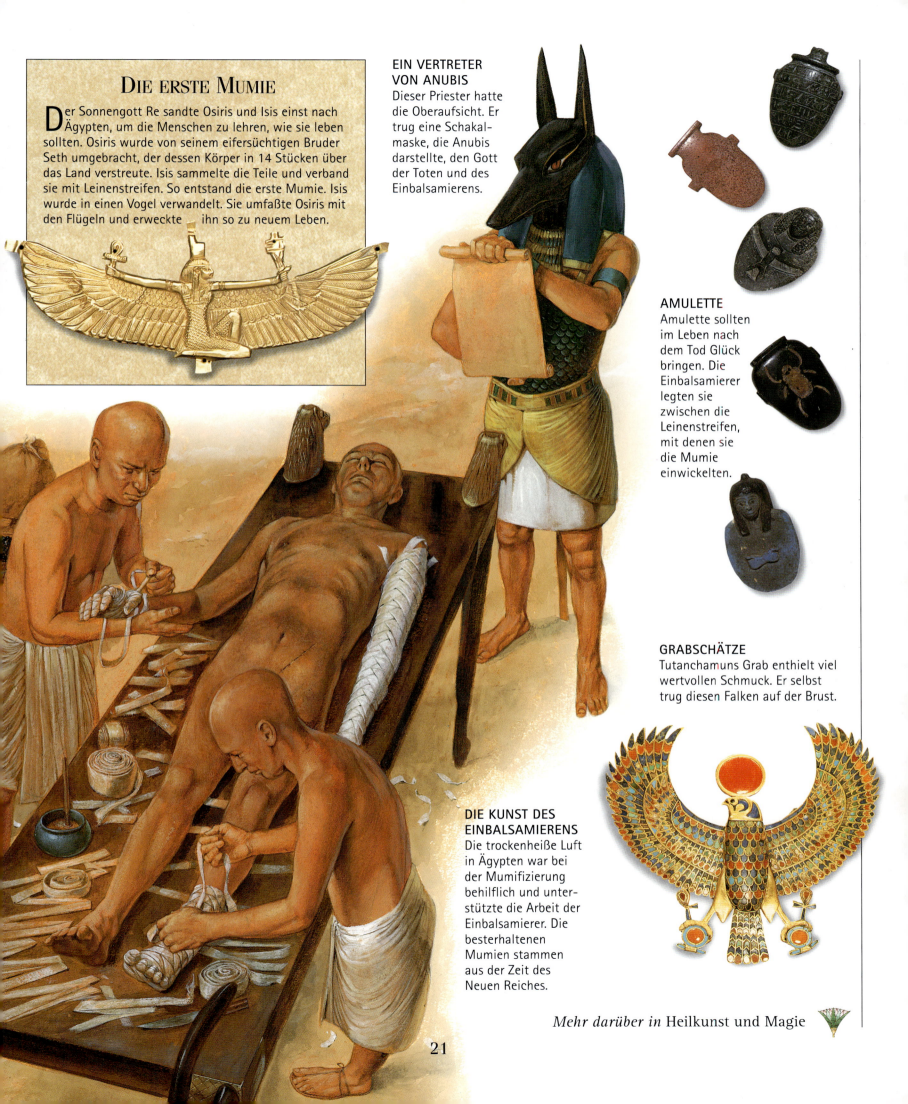

• DAS JENSEITS •

Reise zu Osiris

Das „Öffnen des Mundes" war die wichtigste Zeremonie bei einem Begräbnis. Die Angehörigen des Toten sagten Zaubersprüche her, während der Priester Wasser über die Mumie spritzte und mit besonderen Geräten deren Lippen berührte. Ohne dieses Ritual hätte der Tote im Jenseits weder essen noch trinken noch sich bewegen können. Bevor jemand Eingang ins Jenseits fand, wog der unbestechliche Richter Anubis das Herz gegen die „Feder der Wahrheit", um herauszufinden, wie sich dieser Mensch auf Erden verhalten hatte. Anubis warf die Herzen jener, welche die Prüfung nicht bestanden, dem Monster Ammit vor, der „Fresserin der Sünder". Damit war deren Existenz vernichtet. Wer die Prüfung bestand, konnte sich auf die Reise in das Reich des Osiris aufmachen. Magische Symbole auf den Sarkophagen beschützten die Reisenden auf ihrem Weg.

DAS TOTENBUCH
In vielen Gräbern fand man Papyrusstreifen, die vom Leben nach dem Tod erzählen und die Zaubersprüche enthalten.

ARBEITER FÜR DIE EWIGKEIT
Niemand wollte im Jenseits arbeiten. Kleine Figürchen, die Uschebti, wurden in die Gräber gelegt, um die Befehle von Osiris auszuführen.

Hunefer — Anubis — Anubis — Ammit, Fresserin der Sünder — Thot

GRABBEIGABEN

Vor allem durch Grabbeigaben wissen wir ziemlich gut Bescheid über das tägliche Leben in Ägypten. In Tutanchamuns Grab fand man seine Kinderspielsachen, 116 Körbe mit Früchten, 40 Weingefäße, Behälter mit gebratenen Enten, Brot und Kuchen. Musiker wurden zusammen mit ihren Instrumenten, Frauen mit ihren Schönheitsutensilien begraben. Bootsmodelle sorgten für den Transport in das Reich des Osiris.

SELTSAM ABER WAHR

In den Gräbern fand man auch Tausende von Katzen. Im 19. Jahrhundert wurden ungefähr 300 000 Katzenmumien nach England verschifft, wo man sie zu Gartendünger vermahlte.

MUMIFIZIERTE TIERE
Die Menschen glaubten, Tiere seien Götterboten. Deswegen wurden viele davon einbalsamiert, darunter Kälber, Krokodile und vor allem Katzen.

ABWÄGEN DES HERZENS
Dies ist der entscheidende Augenblick für den Toten: Ammit sitzt neben der Waage und wartet auf die Herzen der Sünder. Der Gott Thot macht Notizen. Wenn alles gutgeht, heißt Osiris den Neuankömmling Hunefer willkommen.

Hunefer   Horus   Osiris

DAS JENSEITS
In Stein gesetzt

Obwohl die Pyramiden, Gräber, Tempel und Kolossalstatuen von Regen, Wind, Sandstürmen und Touristen beschädigt wurden, geben sie uns heute noch genug Aufschluß über die Glaubensvorstellungen und die Bautechnik der frühen Zeit. Für die aufwendigen Bauwerke waren unvorstellbar viele Arbeiter erforderlich. Astronomen studierten die Sterne, um die besten Bauplätze herauszufinden. Mathematiker und Architekten bestimmten die Maße und berechneten die Menge an Baumaterial. Steinmetzen formten die Blöcke, und Bauleiter organisierten den Einsatz der vielen tausend Arbeiter. Weiche Steine wurden mit Meißeln aus Kupfer oder Bronze behauen. Härteres Gestein bearbeitete man mit Kugeln aus Dolerit, einem Lavagestein. Dann glättete man die Oberfläche mit Quarzsand. Die Pyramiden von Gise besaßen einst eine gleißend helle Kalksteinverkleidung und waren an der Spitze vermutlich sogar vergoldet.

DIE VERSCHIFFUNG DER STEINE
Zimmerleute bauten Frachtschiffe, auf denen die Blöcke von den Steinbrüchen zu den Baustellen transportiert wurden.

DIE PYRAMIDEN VON GISE
Die Cheopspyramide, eine der drei Pyramiden von Gise, ist das größte Steingebäude der Welt. Ursprünglich war es 146 m hoch, heute sind es nur noch 137 m. Fast 2,5 Millionen Kalksteinblöcke sind in der Pyramide verbaut.

BLINDE TÜREN
Gräber hatten oft blinde Türen, die mit Gebeten und dem Namen des Besitzers geschmückt waren. An diesen heiligen Stellen legten die Hinterbliebenen Opfer für die Toten nieder.

DIE PYRAMIDEN UND DIE STERNE
Wir wissen aus Hieroglyphentexten auf Pyramidenwänden, daß die Ägypter ihre Götter mit Sternen verglichen. Einige Forscher sind der Ansicht, die drei großen Pyramiden von Gise stellten die drei Gürtelsterne des Orion dar. Die Größenunterschiede der Pyramiden entsprechen tatsächlich der unterschiedlichen Leuchtkraft dieser drei Sterne.

Orion

SCHON GEWUSST?
Die altägyptischen Steinmetzen arbeiteten mit großer Genauigkeit. Die Steinplatten der Cheopspyramide fügen sich auf der Außenseite so gut ineinander, daß kaum ein Haar dazwischenpaßt.

DIE SPHINX VON GISE
Diese riesenhafte Sphinx wacht über die Pyramiden von Gise. Die Statue hat den Kopf eines Menschen, der die Intelligenz symbolisiert, und den Körper eines Löwen als Zeichen der Stärke. Zusammen ergab sich ein Sinnbild für die Macht des Königs.

KINDERLIEBE
Diese bemalte Figur des Priesters Meresankh mit seinen Töchtern wurde in seinem Grab gefunden.

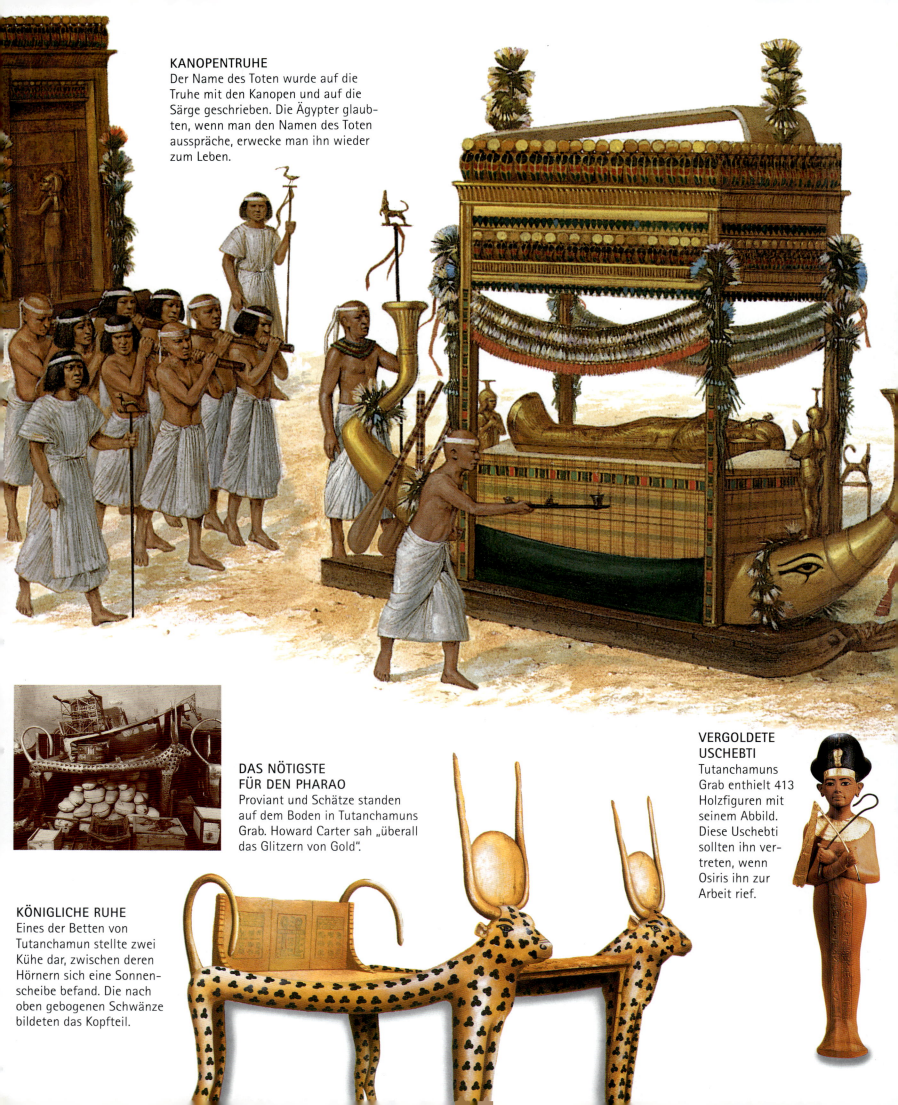

KANOPENTRUHE
Der Name des Toten wurde auf die Truhe mit den Kanopen und auf die Särge geschrieben. Die Ägypter glaubten, wenn man den Namen des Toten ausspräche, erwecke man ihn wieder zum Leben.

DAS NÖTIGSTE FÜR DEN PHARAO
Proviant und Schätze standen auf dem Boden in Tutanchamuns Grab. Howard Carter sah „überall das Glitzern von Gold".

VERGOLDETE USCHEBTI
Tutanchamuns Grab enthielt 413 Holzfiguren mit seinem Abbild. Diese Uschebti sollten ihn vertreten, wenn Osiris ihn zur Arbeit rief.

KÖNIGLICHE RUHE
Eines der Betten von Tutanchamun stellte zwei Kühe dar, zwischen deren Hörnern sich eine Sonnenscheibe befand. Die nach oben gebogenen Schwänze bildeten das Kopfteil.

GRABBEIGABEN
Diener trugen Nahrung und Ausstattungsgegenstände für das Leben im Jenseits zum Grab.

KÖNIGLICHE FANFAREN
In Tutanchamuns Grab fand man Silbertrompeten mit bemaltem Holzkörper.

WÄCHTER
Zwei lebensgroße polierte Holzstatuen von Tutanchamun mit Kleidung aus Goldblech bewachten die Grabkammer.

• DAS JENSEITS •

Im Tal der Könige

Das Tal der Könige liegt weitab vom Nil an den westlichen Kalksteinfelsen in der Nähe von Theben. Nach dem Zeitalter der Pyramiden ließen die Pharaonen und die Reichen hier ihre Gräber errichten. Sie hofften, die abgeschiedene Lage würde sie vor Grabräubern schützen. Einige Gräber hatten verborgene Eingänge hoch oben in den Felsen. Auf den Wänden in den Gräbern sind Szenen und Texte zu sehen, welche die Reise ins Jenseits beschreiben. Lange Galerien führten bis zur Grabkammer, wo die Mumie ihre endgültige Ruhe fand. Bis auf eine einzige wurden alle Grabkammern vor dem Ende der altägyptischen Kultur von Räubern geplündert. Nur Tutanchamun ruhte ungestört bis zum Jahr 1922, als Lord Carnarvon und der englische Ägyptologe Howard Carter den Goldschatz dieses Pharaos entdeckten.

Stufenpyramide

Knickpyramide

Echte Pyramide

FORMWECHSEL
Der Arzt und Architekt Imhotep baute um 2600 v. Chr. für Pharao Djoser die erste Stufenpyramide in Sakkara. Eine Übergangsform zur echten Pyramide mit geraden Seiten war die Knickpyramide.

• DAS JENSEITS •

Bau einer Pyramide

BAUARBEITEN
Die Pyramidenbasis war quadratisch mit vier gleich langen Seiten. Die Arbeiter bauten zuerst den Kern, dann zogen sie Steinblöcke auf Rampen zur Spitze, und der Bau schritt von oben nach unten fort.

Das Alte Reich war die Zeit der Pyramiden. In diesen riesigen Bauwerken wurden die einbalsamierten Leichname der Pharaone zur letzten Ruhe gebettet. Jede Grabstätte hatte tief im Innern eine Grabkammer. Die Nebenräume stattete man mit Gegenständen aus, die der Pharao im Jenseits zu seiner Bequemlichkeit brauchte. Die ersten Pyramiden bestanden aus mehreren Stufen. Die Ägypter glaubten, der Pharao benutze diese Stufen auf seinem Weg zur Sonne. Später hatten die Pyramiden glatte Außenseiten. Der Bau einer Pyramide war langwierig und gefährlich. An der Cheopspyramide baute man wohl über zwanzig Jahre lang. Viele Arbeiter wurden von Steinplatten zerquetscht, oder sie rutschten an den glatten Wänden aus und stürzten zu Tode. Dennoch galt die Arbeit am Bau einer Pyramide als Versicherung für ein Leben im Jenseits.

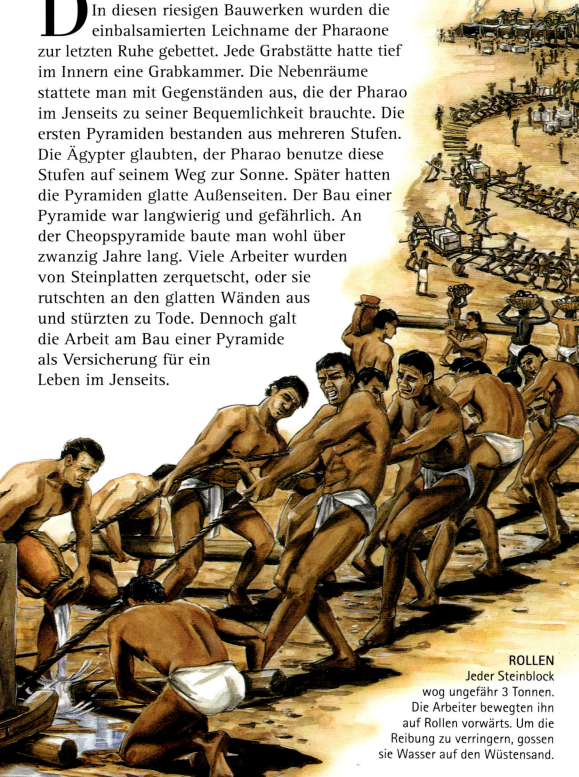

ROLLEN
Jeder Steinblock wog ungefähr 3 Tonnen. Die Arbeiter bewegten ihn auf Rollen vorwärts. Um die Reibung zu verringern, gossen sie Wasser auf den Wüstensand.

BLICK INS INNERE

1 Königskammer
2 Königinnenkammer
3 Unterirdische Grabkammer
4 Große Galerie
5 Eingang

Das Schnittbild zeigt die Anordnung der Gänge und Kammern im Inneren der Cheopspyramide. Die Königskammer lag im Zentrum.

Die Reise in die Ewigkeit

Im Jahr 1954 fanden ägyptische Archäologen ein Holzschiff in einer Grube in der Nähe der Cheopspyramide. Es war in drei Stücke zerlegt worden, um in die Kammer zu passen. Wahrscheinlich war damit die Mumie des Cheops auf dem Nil zum Begräbnisort transportiert worden.

Seltsam aber wahr

Als die Grube mit dem Schiff des Cheops geöffnet wurde, strömte warme Luft aus. Der ägyptische Archäologe Kamal el Mallakh sagte: „Ich spürte Weihrauch ... die Jahrhunderte ... die ganze Geschichte."

Mehr darüber in Die Macht der Pharaonen

KÖNIGIN NOFRETARI
Königin Nofretari war die Hauptgemahlin von König Ramses II. Sie wurde im Tal der Könige bei Deir el-Medina westlich von Theben begraben. Ramses ließ auf ihr Grab schreiben: „Sie besaß Anmut, Süßigkeit und Liebe."

MUNDÖFFNUNG
Die Szene ist auf der Wand des Grabes von Inherchau bei Deir el-Medina abgebildet. Der Priester bietet der Mumie heiliges Wasser an.

TUTANCHAMUNS GRAB
Das Grab von Tutanchamun ist das kleinste Königsgrab im Tal der Könige. Die Vorkammer enthielt große Betten und Wagen. Der Nebenraum und die Schatzkammer waren voll mit kleineren und wertvolleren Gegenständen.

Vorkammer, Grabkammer, Schatzkammer, Nebenraum, Korridor

KLAGEFRAUEN
Klagefrauen, die man zu diesem Zweck engagierte, führten die Prozession an. Sie weinten laut und bedeckten ihr Haupt mit Staub. Hinter ihnen kamen Beamte, dann die Gruppe der Familienangehörigen.

DER GOLDENE SARG

Howard Carter entfernte sorgfältig verharzte Ölschichten vom dritten, innersten Sarg des Tutanchamun. Der Sarg bestand aus reinem Gold.

DEIR EL-MEDINA

Die Gräber im Tal der Könige bauten Arbeiter aus Deir el-Medina. Dieses Dorf existierte während der 500 Jahre, in denen die Pharaonen in der Wüste begraben wurden. Aus Notizen wissen wir, daß die Arbeiter von der Regierung bezahlt wurden und alle zehn Tage einen Tag frei hatten. Handwerker besaßen oft wunderschön geschmückte Gräber und wurden mit reichen Beigaben bestattet, etwa diesem bemalten Terrakottagefäß aus gebranntem Ton.

LEICHENZUG

Die Prozession näherte sich langsam dem Grab. Die Hinterbliebenen zogen die Mumie auf einem Schlitten und überquerten den Fluß mit Schiffen.

ZEREMONIEN

Priester gingen neben dem Sarg, verbrannten Weihrauch und verspritzten Wasser, um den Weg zu reinigen. Metzger schlachteten dann die Rinder am Grab.

RESTAURIERUNG

Im Jahr 1986 begannen italienische Restauratoren damit, die abblätternden Gemälde an den Wänden im Grab von Königin Nofretari zu restaurieren. Sie brauchten dazu sechs Jahre.

SELTSAM ABER WAHR

Die Ägypter glaubten daran, daß die Göttin Meretseger das Tal der Könige bewachte. Sie wurde als Speikobra dargestellt, die ihr Gift den Grabräubern in die Augen spritzt, um diese zu blenden und so die Gräber zu schützen.

HATSCHEPSUTS TEMPEL

Königin Hatschepsut ließ um 1490 v. Chr. ihren großen Tempel auf der Westseite des Nils nahe von Luxor erbauen. Schräge Rampen verbanden die drei Terrassen, die in unterschiedlicher Höhe lagen. Am Ende des 19. Jahrhunderts waren von dem Totentempel nur noch Schutt und Trümmer übrig. Später wurde der Tempel teilweise wiederhergestellt.

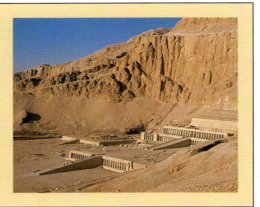

BEMALTE SÄULEN

Der Tempel der Göttin Isis steht auf der Insel Philae. Als diese Lithographie 1846 gedruckt wurde, waren an den Säulen in der Halle noch Farbreste zu erkennen.

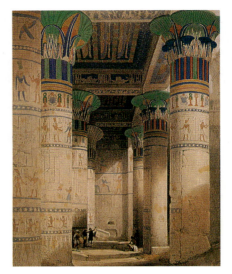

• DAS JENSEITS •

Große Tempel

Viele Pharaonen ließen Tempel für sich und für die Götter errichten. Einige davon standen unmittelbar neben den Pharaonengräbern, andere wiederum lagen abseits davon oder wurden an bestehende Gebäude angebaut wie in Karnak. So entstanden ausgedehnte Tempelkomplexe mit eindrucksvollen Statuen und riesigen, emporstrebenden Säulen, mit Schulen und Lagerhäusern, mit Werkstätten und weitläufigen Gärten. Als Ramses II. im Jahr 1290 v. Chr. an die Macht kam, gab es schon überall im Land prächtige Tempel. Doch der Pharao vergrößerte die Anzahl der Tempel während seiner sechzigjährigen Herrschaft noch beträchtlich. Am beeindruckendsten ist das Heiligtum von Abu Simbel in der nubischen Wüste. Ramses II. ließ den Tempel in den Sandstein des Berges schlagen, obwohl es Platz genug für den Bau gegeben hätte. Aber den besessenen Bauherrn reizte die ungeheure technische Herausforderung.

IN GROSSEM MASSSTAB

Massive Granitstatuen von Ramses II. befanden sich innerhalb und außerhalb seines Tempels in Abu Simbel. Allein die Füße waren größer als ein Erwachsener. Flachreliefs an der Nord- und Südwand erinnern an die Siege von Ramses II.

DIE MEMNONSKOLOSSE

Diese zwei gigantischen Statuen erinnern als einzige Überreste an den Totentempel von Amenophis III. am Westufer des Nils.

SCHON GEWUSST?
Zweimal im Jahr dringen die Strahlen der aufgehenden Sonne in den dunklen Tempel von Ramses II. Sie beleuchten dabei die Statuen im Heiligtum des Tempels.

ABU SIMBELS RETTUNG
Durch den Bau des Assuanstaudammes entstand der Nassersee. Dabei mußten viele nubische Tempel versetzt werden, weil diese sonst in den Wassermassen versunken wären.

• DAS TÄGLICHE LEBEN •

Ein Fluß – drei Jahreszeiten

REISE NACH SÜDEN
Die Hieroglyphe für „Reise nach Süden" war ein Boot mit vollen Segeln, das den Nordwind für die Reise flußaufwärts nutzte.

REISE IN DEN NORDEN
Die Hieroglyphe für „Reise in den Norden" war ein Boot mit abgetakeltem Segel. Das Schiff trieb nun flußabwärts.

Der griechische Reisende Herodot nannte Ägypten ein Geschenk des Nils, und keiner hat seither dieses Land treffender geschildert. Auf dem Nil reisten die Menschen und transportierten ihre Güter. Der Nil lieferte ihnen Fische und Wildbret, etwa Flußpferde und Krokodile. In den Sümpfen wuchsen Papyrus und Lotosblumen, und hier hielten sich alle Arten von Wasservögeln auf. Vor allem brachte der Nil Wasser. Jedes Jahr schleppte der Strom bei seinen regelmäßigen Überschwemmungen, die durch die Regenzeit im Quellgebiet in Afrika ausgelöst wurden, viel fruchtbaren Schlamm heran und lagerte ihn auf dem Talboden ab. Der Nil unterteilte den Kalender dabei in drei Jahreszeiten: Während der Flut vom Juli bis Oktober ruhte jede Arbeit. Von November bis Februar war die Zeit des Pflügens und Säens, die Erntezeit dauerte von März bis Juni.

SCHON GEWUSST?
Das Wäschewaschen am Fluß war eher die Aufgabe der Männer. Die Frauen waren von dieser Pflicht befreit, weil am Ufer dauernd gefährliche Krokodile lauerten.

FISCHEN IM NIL
Die Ägypter fingen die Flußfische mit Harpune, Leine und Angel oder auch mit Netzen aus Papyrusfasern. Fische gehörten zur Grundnahrung der Ägypter.

Eine vielseitige Pflanze

Vor vielen Jahren wuchs am Nilufer und in den Sümpfen des Deltas noch sehr viel Papyrus. Die Ägypter stellten aus dieser Schilfart ein vorzügliches Papier her. Sie verbanden die Schilfbündel auch zu Flößen und Booten. Die Papyrusfasern wurden außerdem zu Stricken verdrillt. Und aus Streifen von Papyrus hat man Truhen, Körbe, Matten, Siebe und Sandalen geflochten.

GÄNSEJAGD
Diese Szene aus einer Grabmalerei zeigt Ägypter bei ihrem Lieblingssport, der Jagd mit dem Wurfholz.

JAGD MIT DEM SPEER
Diese Figur stellt Tutanchamun dar. Er stößt seinen Speer in ein Flußpferd. Mit der linken Hand hält er ein Seil, um die Beute zu verschnüren.

• DAS TÄGLICHE LEBEN •

Die Feldarbeit

Die Ägypter hingen vollständig vom Nil ab. Erreichte er seine übliche Fluthöhe nicht, so bedeutete dies Hungersnot. Während des Wachstums der Pflanzen bewässerte man die Felder mit Hilfe von Kanälen und Deichen. Die Bauern pflanzten Emmer, Gerste, Gemüse und Obst an. Der Flachs oder Lein war eine weitere wichtige Kulturpflanze. Vögel und vor allem Heuschrecken fielen oft in die Felder ein, und Stürme knickten nicht selten die Getreidehalme. Die Schnitter sichelten in der heißen Sonne das Getreide. Dabei hörten sie Flötenmusik und beteten bei der Arbeit zu Isis. Die Frauen durften nicht mit Klingen arbeiten. Sie warfen das Gedroschene in die Luft, so daß der Wind die Spreu fortriß und die schwereren Körner zu Boden fielen. Die Frauen halfen auch bei der Bereitung von Wein und Bier und preßten Öl aus Nüssen und anderen Pflanzen. Die Bauern hielten Rinder, Schafe, Ziegen, Enten und Gänse. Jedes Jahr kamen Steuereintreiber und schätzten die Abgaben.

DÜNGEN
Die Landwirtschaft richtete sich nach dem Steigen und Fallen des Nilpegels. Die Bauern brauchten ihre Böden nicht zu düngen, weil der Nil genug nährstoffreichen Schlamm heranbrachte.

ERNTEN
Zur Erntezeit waren alle gesunden Dorfbewohner auf dem Feld. Die Männer schnitten das Getreide mit Sicheln. Frauen und Kinder banden die Halme zu Garben und trennten die Körner von der Spreu.

DIE FRÜCHTE DES GARTENS
In den Gärten wuchsen Granatbäume, Akazien und Feigenbäume. Die Bäume mit den kleinen Früchten sind Dattelpalmen. Die Ägypter süßten vor allem mit Datteln.

36

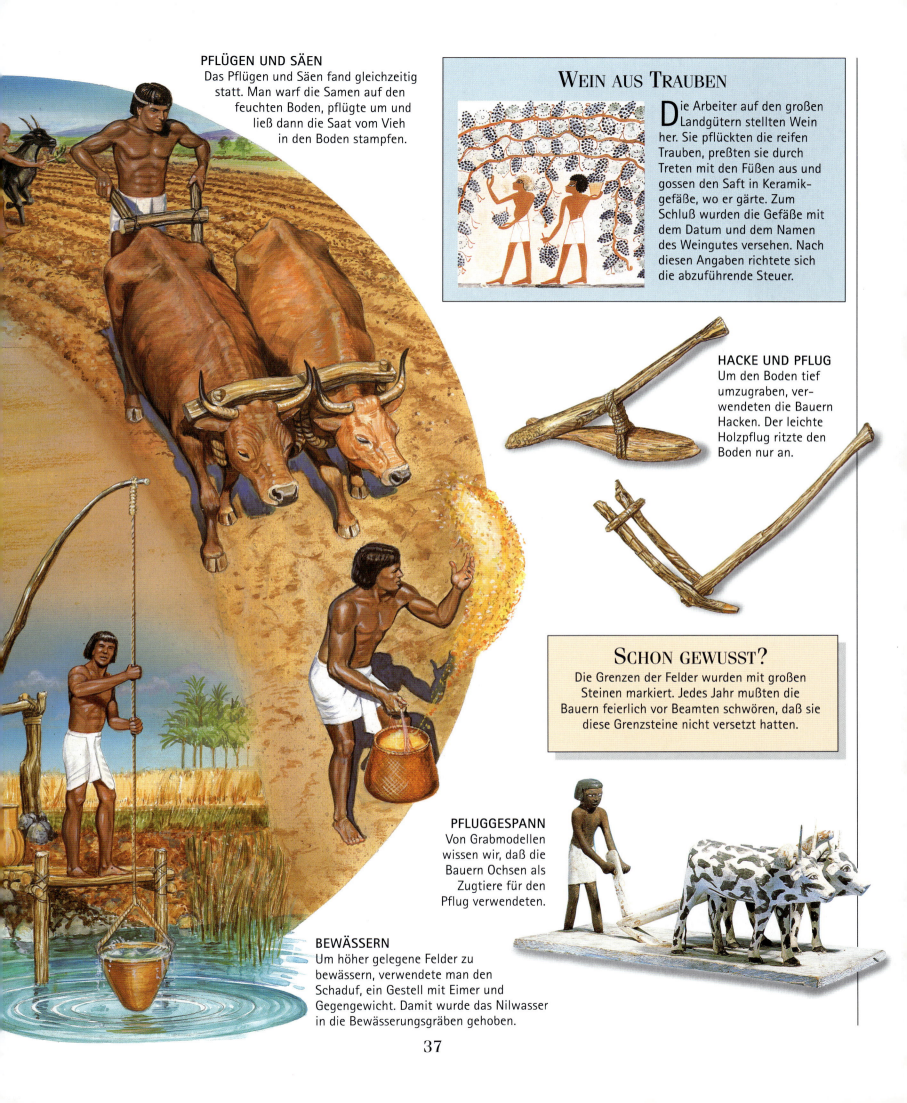

PFLÜGEN UND SÄEN
Das Pflügen und Säen fand gleichzeitig statt. Man warf die Samen auf den feuchten Boden, pflügte um und ließ dann die Saat vom Vieh in den Boden stampfen.

WEIN AUS TRAUBEN
Die Arbeiter auf den großen Landgütern stellten Wein her. Sie pflückten die reifen Trauben, preßten sie durch Treten mit den Füßen aus und gossen den Saft in Keramikgefäße, wo er gärte. Zum Schluß wurden die Gefäße mit dem Datum und dem Namen des Weingutes versehen. Nach diesen Angaben richtete sich die abzuführende Steuer.

HACKE UND PFLUG
Um den Boden tief umzugraben, verwendeten die Bauern Hacken. Der leichte Holzpflug ritzte den Boden nur an.

SCHON GEWUSST?
Die Grenzen der Felder wurden mit großen Steinen markiert. Jedes Jahr mußten die Bauern feierlich vor Beamten schwören, daß sie diese Grenzsteine nicht versetzt hatten.

PFLUGGESPANN
Von Grabmodellen wissen wir, daß die Bauern Ochsen als Zugtiere für den Pflug verwendeten.

BEWÄSSERN
Um höher gelegene Felder zu bewässern, verwendete man den Schaduf, ein Gestell mit Eimer und Gegengewicht. Damit wurde das Nilwasser in die Bewässerungsgräben gehoben.

IM DIENST
Auf reichen Gütern arbeiteten viele Diener. Sie machten Hausarbeiten und pflegten die Gärten mit den Pflanzen und Haustieren.

EIN FAMILIENFEST
Diese Grabmalerei ist wie ein Familienbild. Es zeigt Inherchau mit seiner Frau, seinem Sohn und den Enkeln.

ZU HAUSE
Das Haus war der Ruheplatz für die Familie. Große Häuser hatten geräumige Zimmer mit bemalten Wänden und hohen Fenstern ohne Glas. Es blieb darin die ganze Zeit kühl. In allen Häusern standen Statuen der Hausgötter.

• DAS TÄGLICHE LEBEN •

Familienleben

Die meisten Menschen lebten in Dörfern in engen, dicht stehenden Häusern aus Lehmziegeln. Die Zimmer waren rechteckig und hatten kleine Fenster. Auf den flachen Dächern wurde gekocht. Die Frauen holten zweimal am Tag Wasser und füllten damit die großen Tongefäße im Hof oder neben dem Eingang des Hauses. Einfache Leute besaßen nur wenige Einrichtungsgegenstände. Am häufigsten waren Stühle, Betten und kleine Tische. Sessel gab es nur bei bedeutenden Familien. Die Reichen konnten sich Dienstboten leisten und hatten größere Häuser mit Gärten. Die Ägypter heirateten meist innerhalb ihrer Gesellschaftsschicht – die Mädchen gewöhnlich im Alter von zwölf, die jungen Männer im Alter von vierzehn Jahren.

SCHLAFENSZEIT
Die Bettgestelle bestanden aus Holz und Geflecht. Anstelle von Kissen verwendeten die Ägypter Kopfstützen. Bettücher war unbekannt.

SELTSAM ABER WAHR
Tiere gehörten zum Haushalt. Wenn eine Katze starb, rasierte sich die ganze Familie als Zeichen der Trauer die Augenbrauen ab.

DIE ERNÄHRUNG

Es gab fast immer reichlich zu essen. Die Ärmeren lebten von Brot, Bier, Gemüse und Fisch. Man kannte 17 Bier- sowie zahlreiche Brot- und Kuchensorten. Jedermann liebte Knoblauch und Zwiebeln. Die Reichen tranken Wein und aßen Rinder- und Gänsefleisch, Feigen und Granatäpfel. Nach der Jagd kamen Hasen oder Gazellen auf die Tafel. Austerneier galten als große Leckerei.

DAS SETNE-SPIEL
Die Erwachsenen spielten gerne Setne, ein Brettspiel mit Quadraten und beweglichen Steinen.

SPIELSACHEN
Die Jungen und Mädchen hatten Kreisel, Bälle, Puppen, Holztiere und andere Spielsachen. In den kühleren Stunden des Tages spielten sie im Freien.

Mehr darüber in Schule und Erziehung

• DAS TÄGLICHE LEBEN •
Kleidung

Die Ägypter hatten Kleider aus Leinen. Aus jungen Flachspflanzen gewannen sie sehr feine Fasern, aus denen sie fast durchsichtige Stoffe für die Wohlhabenden webten. Das einfache Volk begnügte sich mit gröberen Stoffen aus älteren Flachspflanzen. Die Kleider waren fast immer weiß. Ihr einziger Schmuck bestand aus Falten, bisweilen waren auch einzelne Fäden in die Stoffe eingewebt. Sklaven und Diener aus fremden Ländern trugen Kleider aus gemusterten Stoffen. Die Männerkleidung bestand aus Lendenschurzen, Röcken oder langen Hemden. Frauen trugen einen knöchellangen Rock, bei kühlerem Wetter einen Schal oder einen Überwurf. Die Kinder waren meist nackt. Männer und Frauen, ob reich oder arm, legten Schmuck an und trugen Make-up auf. Vor allem schminkten sie sich die Augen. Man liebte Parfüms und salbte die Haut mit wohlriechenden Ölen.

KÖNIGLICHE SANDALEN
Auf der Sohlenunterseite von Tutanchamuns Sandalen waren die Feinde Ägyptens dargestellt. Er zertrat sie beim Gehen.

AUGENFARBE
Die beliebteste Augenschminke bestand aus pulverisiertem Malachit sowie schwarzem Bleiglanz.

SPIEGELBILDER
Polierte Spiegel aus Bronze oder Kupfer waren wertvolle Besitztümer. Mit ihrer Form und ihrem Glanz erinnerten sie an die kraftspendende Sonne. Ärmere Menschen betrachteten ihr Spiegelbild im Wasser.

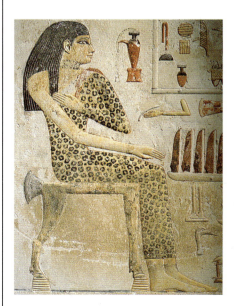

DIE BEDEUTUNG DER FLECKEN
Einige Priester trugen Leopardenfelle über den Schultern, um ihre Bedeutung zu unterstreichen. Hier trägt die Prinzessin und Priesterin Nefertiabt ein solches Fell.

Seltsam aber wahr

Die Ägypter rasierten sich alle Körperhaare ab. Das Wachstum des Kopfhaares aber wollten einige mit Ölen fördern, das sie aus dem Fett von Schlangen, Krokodilen und Flußpferden gewannen.

ELEGANTER SCHMUCK
Diesen Gürtel trug eine Frau an den Hüften. Die Kaurimuscheln und die Haarlocken sollten Gesundheit und viele Kinder bringen.

SCHMINKTÖPFCHEN
Gesichtscreme, Augenschminke und Hautöl wurden in prächtigen Gefäßen aus Glas, Alabaster oder Keramik aufbewahrt.

SCHÖNHEIT UND MODE
Die Ägypter sorgten sich sehr um ihr Äußeres. Die Reichen hatten Diener für die Reinigung ihrer Kleider und das Frisieren der Perücken.

Haare und Frisur

Männer wie Frauen widmeten ihrem Haar große Aufmerksamkeit. Einige färbten ihre langen Locken mit roter Henna. Andere schnitten sich ihre Haare ab oder waren sogar kahlrasiert. Reiche Ägypter setzten Perücken aus Menschenhaar auf, vor allem bei Festen, Banketten oder öffentlichen Zeremonien. Diese Perücken schützten ihre Träger auch vor einem Sonnenstich. In späteren Zeiten trugen selbst einfache Frauen Perücken, wenn sie auf dem Feld arbeiteten.

Mehr darüber in Gottesdienst

• DAS TÄGLICHE LEBEN •

Schule und Erziehung

Bereits in der Frühzeit hatten die Ägypter eine Schrift. Für Inschriften an Tempeln verwendeten sie Hieroglyphen, die zuerst nur aus Bildern für Dinge bestanden. Schreiberlehrlinge brauchten bis zu zehn Jahre, um die mehreren hundert Hieroglyphen auswendig zu lernen. Daneben wurden sie auch in Astronomie, Mathematik, Astrologie, in praktischen Künsten und in Sport und Spiel unterrichtet. In der Schule herrschte strenge Disziplin, und die Lehrer glaubten: „Die Ohren eines Jungen sind auf dem Rücken. Er hört nur, wenn er geschlagen wird." Die meisten Jungen ergriffen den Beruf ihres Vaters – etwa Bauer oder Handwerker. Die Mädchen blieben daheim und lernten von ihren Müttern das Musizieren, das Tanzen und die Führung des Haushaltes.

NOTIZEN
Die Schüler lernten zuerst die hieratische Schrift. Sie war viel schneller zu schreiben als die Hieroglyphen.

ÜBUNG MACHT DEN MEISTER
Die Schüler in der Schreibschule übten auf Tonscherben.

HIERATISCHE SCHRIFT
Die Schreiber benutzten die hieratische Schrift für Berichte und Steuerlisten. Hieroglyphen wurden nur für Inschriften auf Grabwänden und anderen Monumenten verwendet.

Schon gewusst?

Um 30 v. Chr. wurde Ägypten römisch. Es übernahm mit dem Römischen Reich 325 n. Chr. das Christentum. Die Christen verboten die Hieroglyphenschrift als heidnisch. So verlernten die Ägypter ihre Schrift. Erst im letzten Jahrhundert konnte sie wieder mühsam entziffert werden.

DER EWIGE SCHREIBER
Diese Granitstatue zeigt einen Schreiber. Er hat die Beine untergeschlagen und darauf ein Papyrus ausgebreitet, das er beschreibt.

PAPIER AUS BINSEN
Für die Herstellung von Papyrus verwendete man dünne Streifen aus dem Stamm der Papyruspflanze. Die Schichten wurden kreuzweise übereinandergelegt und festgeklopft.

IN DER SCHREIBSCHULE
Die Jungen lernten in Gruppen lesen und schreiben, indem sie Texte mit weisen Sprüchen abmalten oder diese auswendig lernten. Die Texte enthielten Regeln für gutes Benehmen.

Schwierige Entzifferung

Der Stein von Rosette wurde zum Schlüssel für die Entzifferung der Hieroglyphen. Oben erkennen wir Hieroglyphen, in der Mitte demotische Schrift, eine Spätform der hieratischen Schrift. Darunter steht die Inschrift in griechischen Buchstaben. Der Stein wurde 1799 entdeckt. Im Jahr 1822 konnte der Franzose Jean-François Champollion einen Teil der Hieroglyphen entziffern.

SCHREIBZEUG
Zu den Geräten der Schreiber gehörten verschiedene Farben auf einer Palette sowie Pinsel aus zerkauten Binsen.

Eule

Wasser

Brot

Mensch

Arm

Binse

Mund

Leinen

Korb

Mehr darüber in Rangordnung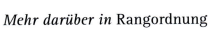

SCHON GEWUSST?
Mütter aßen Mäuse, um ihr krankes Kind zu heilen. Die Knochen füllten sie in ein Säckchen, das sie als Amulett um den Hals des Kindes hängten.

THOERIS
Die Göttin Thoeris beschützte schwangere Frauen. Sie wurde teils als trächtiges Flußpferd, teils als Frau mit den Beinen einer Löwin dargestellt.

EIN BUCKEL
Einige Statuen und Gemälde stellen Menschen mit einem Buckel dar. Solche Verformungen entstanden oft durch Knochentuberkulose.

SÜSSE TRÄUME
Dieser geschnitzte Flußpferdzahn sollte den Schläfer vor gefährlichen Nachtgeistern schützen.

DAS AUGE DES HORUS
Beim Kampf um die Macht riß Seth dem Horus ein Auge aus. Auf magische Weise wurde es wiederhergestellt und später zu einem Symbol der Wachsamkeit.

EINE SCHWERE ERKRANKUNG
Das kürzere, dünne Bein des Priesters Remi entstand vermutlich durch Kinderlähmung. Er hatte diese Krankheit wohl schon als Junge.

• DAS TÄGLICHE LEBEN •

Heilkunst und Magie

Die ägyptischen Ärzte schienten gebrochene Knochen mit Holzstücken und verbanden sie mit Pflanzenfasern. Wunden behandelten sie mit Öl und Honig. Operationen führten sie mit Messern, Zangen sowie Sonden aus Holz oder Metall durch. Sie behandelten viele Krankheiten. Nach ihrer Auffassung wurden einige vom Wurm Hefet im Magen ausgelöst, andere vom Wurm Fenet, der in den Zähnen bohrte. Die Ärzte wußten schon, daß sich das Herz im Pulsschlag bemerkbar macht, und glaubten, es würde alle Funktionen des Körpers, sogar die Gedanken und Gefühle steuern. Daß das Gehirn lebenswichtig war, blieb ihnen verborgen. Pflanzliche Heilmittel waren am häufigsten. Knoblauch half bei Schlangenbissen, Halsschmerzen und Verbrennungen. Tropfen aus Selleriesaft brachten die Ärzte mit dem Schaft einer Geierfeder ins Auge. Half die Medizin nicht mehr weiter, dann griffen sie auf die Magie zurück. Viele Ägypter trugen auch Amulette, um Unglück und Krankheiten fernzuhalten.

GLÜCKSBRINGER
Die Ägypter verwendeten Amulette als Schutz vor Gefahren. Sie trugen diese auf dem Leib, und sie wurden damit auch begraben. So konnten sie ihnen auch im Totenreich helfen. Das Fischamulett auf dem Zopf sollte das Mädchen vor dem Ertrinken oder vor Krokodilen schützen. Das Amulett mit dem Gott Bes am Hals schützte vor Gefahren im Haus.

MUTTER MIT KIND
Dieses Amulett aus Holz stellt eine Mutter mit Kind dar. Es sollte zu einer leichten Geburt verhelfen.

Was uns Mumien erzählen

Dieser Kopf von Sekenenre II. zeigt die schweren Wunden, an denen er starb. Mit Hilfe von Röntgenuntersuchungen und anderen Techniken können Mediziner heute manches über die Gesundheitsprobleme der alten Ägypter erfahren. Die Ägypter litten unter vielen Krankheiten, die es auch heute noch gibt. Sehr viele Mumien haben völlig abgeschliffene Zähne, weil die Nahrung der alten Ägypter offensichtlich viel Sand und Steinchen enthielt. Vielleicht aßen sie auch zuviel Kuchen, der mit Honig oder Datteln gesüßt war, und bekamen so Karies.

• DAS TÄGLICHE LEBEN •

Das Handwerk

Töpfer und Steinmetzen, Schreiner und Glasbläser, Taschner und Goldschmiede sind nur einige der Handwerksberufe, die es im alten Ägypten gab. Viele Handwerkerarbeiten sind im Laufe der Zeit zerfallen, zum Beispiel die der Weber. Doch über ihre Stoffe und die Kleider wissen wir von Wandgemälden in Gräbern gut Bescheid. Für den Pharao waren die Einwohner ganzer Dörfer beschäftigt. Sie bearbeiteten die Steine für die Tempel, für die Pyramiden und die Statuen. Gold und Silber standen ihnen reichlich zur Verfügung. Einige wertvolle Werkstoffe mußten aber eingeführt werden, darunter Holz, Elfenbein und Edelsteine wie Lapislazuli und Türkis. Da die Ägypter kein Geld kannten, erhielten die Handwerker ihren Lohn in Form von Unterkunft, Kleidung, Brot, Zwiebeln und Bier. Meistens arbeiteten sie in größeren Werkstätten zusammen. Die einzelnen Künstler sind uns deshalb dem Namen nach nicht bekannt.

AUSGABE DES MATERIALS
Metalle und andere wertvolle Werkstoffe wurden vor der Arbeit mit einer einfachen Waage gewogen.

Axt

Säge

OHRSCHMUCK
Die Männer und Frauen trugen in den Ohren Ringe oder Pflöcke. Bisweilen bestanden diese aus glasierter Keramik, der Fayence.

ARBEITEN IN HOLZ
Die Schreiner stellten aus hochwertigen Hölzern bereits Furniere her. Tatsächlich haben sich einige ihrer Werkzeuge, etwa Sägen und Stechbeitel, im Laufe der Jahre kaum verändert.

WERKSTÄTTEN
Diese Malerei zeigt Goldschmiede, Schreiner und Juweliere bei der Arbeit.

Stechbeitel

GEFÄHRLICHE ARBEIT
Die Arbeit am offenen Feuer zerstörte Lunge und Augen der Schmelzarbeiter. Im Funkenregen erlitten sie oft auch Verbrennungen.

SELTSAM ABER WAHR
Der erste Streik fand in Theben statt. Bauarbeiter mußten dort lange auf ihren Lohn warten. Sie verweigerten die Arbeit und sangen „Wir haben Hunger", bis sie bezahlt wurden.

LODERNDES FEUER
Schmelzarbeiter erhitzten Erz auf sehr hohe Temperaturen und erschmolzen dabei das reine Metall. Mit hohlen Papyrusstengeln, die an den Enden mit Lehm umkleidet waren, fachten sie das Feuer an.

FAYENCESCHÜSSEL
Auf dieser Schüssel sind Fische zwischen Lotospflanzen abgebildet. Die Seerose, die ihre Blüten bei Sonnenaufgang öffnet und bei Sonnenuntergang schließt, galt als Sinnbild der Wiedergeburt.

FRAUEN AN DER ARBEIT
Das Weben war im alten Ägypten meist die Aufgabe der Frauen. Dieses Holzmodell aus dem Grab von Meketre, einem hohen Regierungsbeamten, zeigt, wie es in einer Webstube auf einem reichen Landgut zuging. Einige Arbeiterinnen spinnen Flachsfasern zu Leinengarn, andere weben daraus Stoffe. Sie verwenden dazu sehr einfache, waagerechte Webstühle.

VERGRABENE SCHÄTZE
Dieses Gefäß aus purem Gold wurde nahe beim Tempel der alten Stadt Bubastis gefunden. Die Muster wurden getrieben.

GEBLASENES GLAS
Die Glashersteller lernten die Blastechnik erst von den Römern. Zuvor formten sie das flüssige Glas über einem Sandkern.

Mehr darüber in Gottkönige

VIEL ÜBUNG
Die Skizze auf diesem Brett zeigt Thutmosis III. Der Künstler scheint Schwierigkeiten mit der Hieroglyphe für „Arm" gehabt zu haben.

SCHON GEWUSST?
Um schwarze Farbe zu haben, schabten die Maler Ruß von Kochtöpfen oder zerstießen Kohle und verbrannte Knochen zu feinem Pulver.

RUMPF VON VORNE, KOPF IM PROFIL
Die Künstler stellten den Oberkörper fast immer in Frontalansicht dar. Alle übrigen Körperteile waren nach rechts oder links gewendet. Das linke Bein stand meist vor dem rechten.

WIE EIN BILD ENTSTAND
Zunächst glättete ein Steinmetz die Wand und bedeckte sie mit einer dünnen Gipsschicht. Darüber zog man ein Quadratnetz mit Hilfe einer Schnur, die in rote Farbe getaucht wurde.

• DAS TÄGLICHE LEBEN •

Künstlerarbeit

Die Gemälde aus dem alten Ägypten erzählen uns, wie die Menschen damals lebten und was sie sich nach dem Tod von der Begegnung mit den Göttern erwarteten. Künstler malten Szenen in allen Einzelheiten auf Häuser, Säulen und vor allem auf Grabwände. In den Gräbern waren stets mehrere Künstler bei Lampenlicht und stickiger Luft am Werk. Die einen machten die Skizzen, die anderen führten die Malerei aus. Bei der Darstellung der Figuren und Gegenstände wurden genaue Regeln befolgt. Wichtige Gestalten wurden stets besonders groß gemalt. Als Farbstoffe verwendeten die Maler zerstoßene Mineralien: Für Grün nahmen sie den weißen Malachit, für Rot das Eisenoxid. Diese Pigmente vermischten sie mit Eiweiß und Gummi arabicum. Die Farben sind in vielen Tempeln und Gräbern so frisch wie vor 4 000 Jahren, als wären sie gerade aufgetragen worden.

MALEREI AUF PAPYRUS
Die Figuren und Zaubersprüche der Totenbücher wurden in hellen Farben auf Papyrusstreifen gemalt.

EINE ANMUTIGE FRAU
Das Kleid der Frau auf diesem Sargdeckel erhielt eine Gipsschicht und wurde dann bemalt.

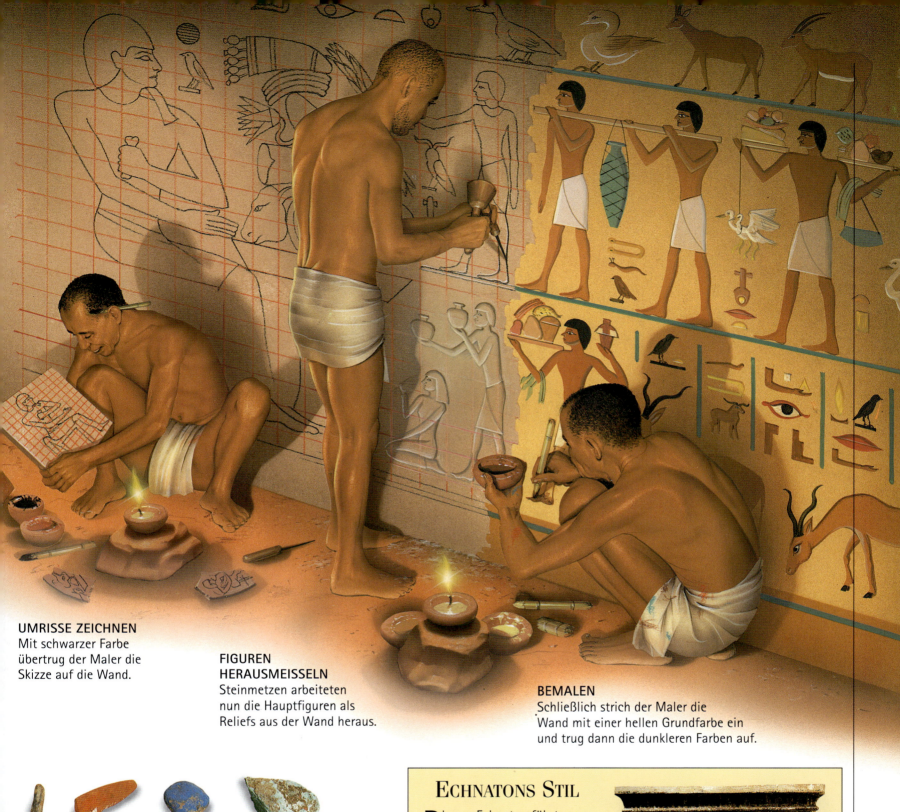

UMRISSE ZEICHNEN
Mit schwarzer Farbe übertrug der Maler die Skizze auf die Wand.

FIGUREN HERAUSMEISSELN
Steinmetzen arbeiteten nun die Hauptfiguren als Reliefs aus der Wand heraus.

BEMALEN
Schließlich strich der Maler die Wand mit einer hellen Grundfarbe ein und trug dann die dunkleren Farben auf.

MALERAUSRÜSTUNG
Die Maler benutzten Paletten für die Farbmischung und Hölzer mit ausgefaserten Enden als Pinsel.

ECHNATONS STIL

Pharao Echnaton führte während seiner siebzehnjährigen Herrschaft einige Änderungen im Kunststil ein. In seiner Stadt Amarna, die dem Sonnengott Aton geweiht war, befolgten die Künstler nun eine lebensnähere Darstellungsweise von Menschen, wie auf diesem Relief. Hier übergibt Echnaton seiner Tochter einen Ohrring. Königin Nofretete hält zwei ihrer jüngeren Töchter im Arm.

IM RHYTHMUS
Diese Bruchstücke von Klappern aus Elfenbein gehörten zu Schlaginstrumenten, mit denen Musiker den Rhythmus beim Tanz angaben.

TANZGYMNASTIK
Die Tänzer warfen die Beine in die Luft, schlugen Salti und zeigten andere Kunststücke. Die schweren Scheiben an ihren Zöpfen schwangen im Rhythmus der Musik.

• DAS TÄGLICHE LEBEN •

Feste und Feiern

Auf einer Hieroglypheninschrift lesen wir: „Sei fröhlich und mache glücklich!" Reiche luden ihre Freunde oft zu großen Festen ein. Dabei gab es viel zu essen, und der Wein floß in Strömen. Die Gastgeber mieteten Tänzer, Geschichtenerzähler und andere Unterhalter. Die Musiker spielten zahlreiche Instrumente, darunter Klarinetten, Flöten, Oboen, Lauten, Harfen, Tamburins, Becken und Trommeln. Ärmere Leute freuten sich über die Ferien, die etwa bei der Krönung des Pharaos, bei Erntedankfesten und anderen religiösen Feierlichkeiten gewährt wurden. Wenn bei einer Prozession die Statue eines Gottes den Tempel verließ, folgte eine große Menschenmenge. Zu diesen Umzügen gehörten Musik und Darbietungen von Akrobaten. Die Menschen flochten Girlanden und Sträuße aus frischen Blumen.

WOHLGERÜCHE
Duftkegel auf dem Haar schmolzen langsam während eines Banketts. Die Fette rannen über Perücken und Kleider und verströmten dabei einen angenehmen Geruch.

TISCHSITTEN
Die Gäste saßen an niedrigen Tische und aßen mit den Fingern. Hinterher brachten Diener Wasser, damit man sich die Hände waschen konnte.

DIE BEGRÜSSUNG
Diener übergaben den Gästen an der Tür wohlriechende Kegel, die sie sich aufs Haar setzten.

DAS OPETFEST

Das Opetfest fand jedes Jahr zur Zeit der Nilflut statt. Während der Regierung von Ramses III. dauerte es 27 Tage. Die Statue des großen Sonnengottes Amun-Re wurde vom Pharao und den Priestern in einer Prozession vom Tempel in Karnak zum Tempel in Luxor gebracht. Nach besonderen Zeremonien kehrte die Statue wieder nach Karnak zurück.

SCHON GEWUSST?
Männer und Frauen tanzten im alten Ägypten nie zusammen. Zum Tanz gehörten Gymnastik und anmutige Akrobatik.

DIE KATZENGÖTTIN
Die Katzengöttin Bastet war die Tochter des Sonnengottes Re. Ihr zu Ehren feierte man jedes Jahr im ganzen Land ein Fest.

UNTERHALTUNG
Die Feste fingen mit dem Erzählen von Geschichten und dem Aufsagen von Gedichten an. Allmählich wurden die Darbietungen immer lauter und lebhafter.

Mehr darüber in Gottesdienst

ALLES, WAS GLÄNZT
Schmuckstücke aus Gold waren als Tributzahlung sehr willkommen. Dieses Stück wurde in der Pyramide einer Königin gefunden.

• NACHBARN UND NACHFOLGER •

Der Handel

Mit Handelsgütern beladene Schiffe segelten den Nil hinauf und hinab. Die Pharaonen tauschten Getreide, Papyrus, getrockneten Fisch, Stoffe, Perlen und andere Luxusgüter gegen Kupfer, Gewürze, Edelhölzer, Elfenbein und Weihrauch aus fremden Ländern. Obwohl Ägypten sehr reich war, gab es manche Dinge nicht. Am Ufer des Nils wuchsen kaum Bäume, und so kam das Bauholz aus den Zedernwäldern des Libanon weit im Norden. Es bestanden auch Handelsbeziehungen mit den nubischen Fürsten. Diese lieferten Gold, Edelsteine und exotische Tiere aus dem Inneren Afrikas. Ägyptische Händler überquerten sogar das Rote Meer. Sie zogen durch die Wüste bis nach Kusch und Punt im Süden. Länder, die im Krieg unterworfen wurden oder die zu den Pharaonen gute Beziehungen unterhalten wollten, zahlten Tribut in Form von Luxusgütern wie Pferden und Streitwagen.

GESCHNITZTE ELFENBEINSTÄBE
Mit solchen Stäben spielten die Ägypter. Die erforderlichen Elefantenzähne kamen aus afrikanischen Ländern im Süden.

SCHON GEWUSST?
Wegen der ständig wechselnden Untiefen im Strom mußten die Segelschiffe nach Sonnenuntergang stets am Nilufer festmachen.

GERECHTER TAUSCH
Der Wert von Handelsgütern, die für den Tausch bestimmt waren, wurde sorgfältig ermittelt. Für ein Stück Leinenstoff gab es auf dem Markt ein Keramikgefäß.

LOHN DER SEELEUTE
Seeleute auf den großen Handelsschiffen erhielten ihren Lohn in Form von Getreide. Wenn ihr Schiff anlegte, konnten sie es in den Geschäften gegen Kleidung, frische Früchte und Gemüse tauschen.

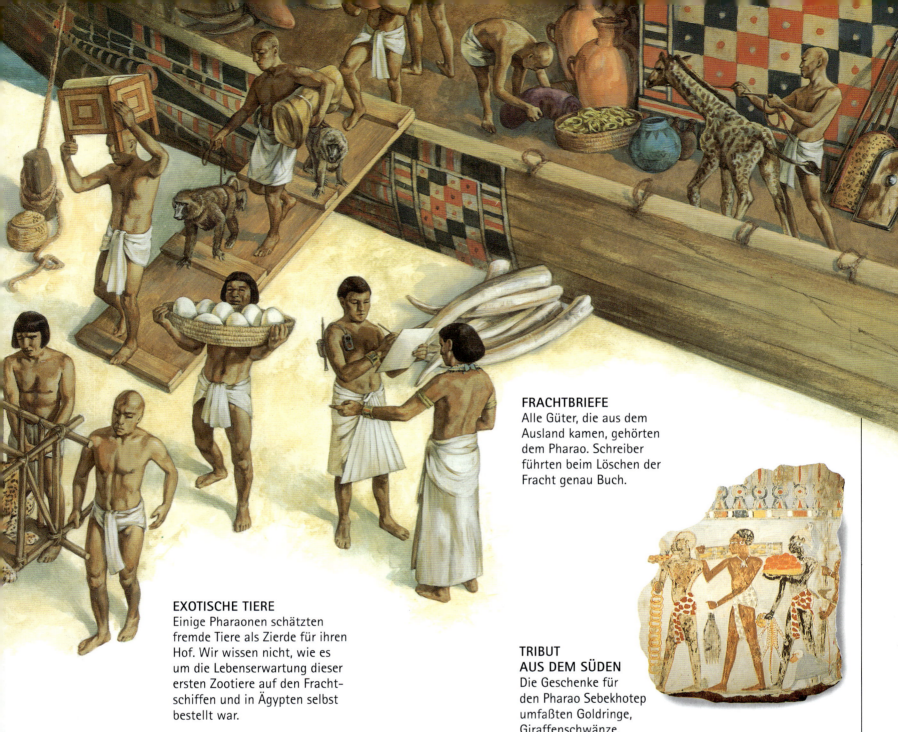

FRACHTBRIEFE
Alle Güter, die aus dem Ausland kamen, gehörten dem Pharao. Schreiber führten beim Löschen der Fracht genau Buch.

EXOTISCHE TIERE
Einige Pharaonen schätzten fremde Tiere als Zierde für ihren Hof. Wir wissen nicht, wie es um die Lebenserwartung dieser ersten Zootiere auf den Frachtschiffen und in Ägypten selbst bestellt war.

TRIBUT AUS DEM SÜDEN
Die Geschenke für den Pharao Sebekhotep umfaßten Goldringe, Giraffenschwänze, Elfenbein, Jaspis, ein Leopardenfell und lebendige Paviane an der Leine.

REISEN AUF SEE

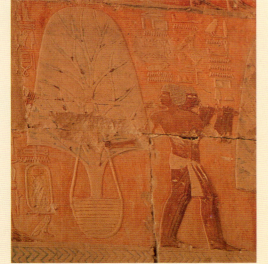

Handelsexpeditionen konnten früher mehrere Jahre dauern. Die Ägypter trugen ihre zerlegten Boote durch die Wüste und bauten sie an den Küsten des Roten Meeres wieder zusammen. Diese Szene aus dem Tempel der Königin Hatschepsut zeigt, wie Weihrauchbäume aus dem Land Punt auf Schiffe verladen wurden. Die Wurzeln steckten in Körben für die lange Rückreise nach Ägypten. Später wurden die Bäume in Tempelgärten wieder eingepflanzt.

GOLDENE ARMREIFEN
Die Armreifen von Königin Ahhotep waren mit Edelsteinen aus Afrika wie Türkisen, Karneolen und Lapislazuli besetzt.

Mehr darüber in Die Feldarbeit

• NACHBARN UND NACHFOLGER •

Verteidigung des Reiches

NAHKAMPF
Dolche und Kurzschwerter waren tödliche Waffen im Nahkampf. Heft und Klinge bildeten eine feste Verbindung.

Jahrhundertelang brauchten die Ägypter kein Heer. Sie mußten sich selten gegen Feinde verteidigen. Nur ab und zu griffen libysche Stämme von der westlichen Wüste aus an. Nach dem Mittleren Reich drangen jedoch die Hyksos vom Nahen Osten her in Unterägypten ein. Sie hatten Krummschwerter, von Pferden gezogene Streitwagen und trugen Panzer. Damit konnten sie die Ägypter besiegen und hundert Jahre beherrschen. Doch diese übernahmen die Waffen der Hyksos und begannen mit der Ausbildung von Soldaten. Das ägyptische Heer vertrieb dann die verhaßten Eroberer und verfolgte sie bis nach Syrien. Kriegsgefangene mußten in der Armee Dienst tun oder als Sklaven arbeiten. An den Grenzen bauten die Ägypter nun Befestigungen mit massiven Türmen und Gräben. Später bildete Ramses III. eine Marine aus Segel- und Ruderbooten und bekämpfte die Piraten im Mittelmeer.

TUTANCHAMUNS STREITWAGEN
Diese Szene stellt den siegreichen Tutanchamun in seinem Streitwagen dar. Im Kampf hatte er jedoch stets einen Wagenlenker dabei.

KRIEGSGEFANGENE
Feinde des Pharaos wurden stets mit gefesselten Händen dargestellt.

SCHON GEWUSST?
Der Löwe war das Symbol für Mut. Ein Gedicht erzählt von Ramses II., „er habe wie ein stolzer Löwe in einem Tal voller Ziegen" gekämpft.

ZEREMONIALAXT
Diese Axt gehörte dem Pharao Amosis. Auf der Klinge sind Szenen abgebildet, die seine Erfolge bei der Vertreibung der Hyksos aus Ägypten preisen.

KRIEGSREGEL
Früher führten Könige ihre Heere auf d[as] Schlachtfe[ld]. Die Krieger begann[en] auf ein Zeichen hin m[it] dem Kampf. Übe[r]raschungsangriffe ga[b] es kaum, und b[ei] Dunkelheit wurde nic[ht] mehr weitergekämpf[t].

ABKOMMANDIERT

Diese marschierenden Holzsoldaten mit Lanze und Schild stellen eine Truppe aus einem altägyptischen Gau dar. Fußsoldaten wurden von Jugend an trainiert. Sie mußten in Kasernen leben und standen unter strenger Disziplin. Reiche junge Männer gingen im allgemeinen zur Streitwagentruppe. Erfolgreiche Kriegsführer erhielten den oben abgebildeten Orden in Form goldener Fliegen als Anerkennung dafür, daß sie den Feind unablässig angegriffen hatten.

KAMPFTAKTIK
Bogenschützen schossen von fahrenden Streitwagen aus. Sie fuhren durch die Reihen der feindlichen Fußsoldaten, drehten mit dem Gefährt um und griffen von hinten an.

Mehr darüber in Das Handwerk

EINE MISCHRELIGION
Obwohl die griechischen Pharaonen ihre eigenen Götter verehrten, zeigen die Flachreliefs auf dem Tempel von Edfu Ptolemaios III. und Ptolemaios XII. zusammen mit ägyptischen Gottheiten.

TRINKBECHER
Diese nubischen Keramiken wurden auf der Scheibe gedreht und mit gemalten oder aufgestempelten Mustern verziert.

WECHSELNDE REGIERUNGEN
Nach der nubischen Invasion wurde das alte Ägypten wiederholt von Fremden erobert. Über tausend Jahre lang gab es ständig wechselnde Machtverhältnisse.

• NACHBARN UND NACHFOLGER •

Zusammenbruch Ägyptens

Die meisten Pharaonen, die nach Ramses III. herrschten, besaßen kaum noch Macht. Ihre Untertanen gehorchten den Gesetzen nicht mehr, und Räuber plünderten die Gräber. In der Zwischenzeit erlebten andere Reiche der antiken Welt wie Griechenland und Rom ihre Blütezeit. Fremde Eroberer drangen in Ägypten ein – erst die Nubier, dann die Assyrer und später die Perser. Alexander der Große half mit seinem Heer den Ägyptern, die Perser zu vertreiben. Nach seinem Tod begründete einer seiner Generäle, Ptolemaios, ein neues Herrschergeschlecht in Ägypten. Die Könige, die ihm folgten, sprachen griechisch und verehrten die griechischen Götter. Dann kamen die Römer und mit ihnen im 4. Jahrhundert auch das Christentum. Im 7. Jahrhundert drangen die Araber in Ägypten ein. Der Islam wurde nun Staatsreligion und das Arabische Amtssprache.

DIE HERRSCHAFT DER PERSER
Die Perser führten Kamele nach Ägypten ein. Damit konnten die Menschen leichter von einer Oase zur anderen gelangen.

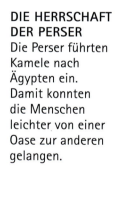

MÜNZGELD
Die Griechen brachten das Geld nach Ägypten. Diese Goldmünze zeigt Ptolemaios I.

DIE HERRSCHAFT DER ASSYRER

Das wohlorganisierte assyrische Heer besaß Waffen aus Eisen und zog wie ein Sturm durch das alte Ägypten. Die Assyrer setzten ägyptische Statthalter als Herrscher über das Land ein.

KLEOPATRA

Kleopatra VII. war die letzte griechische Pharaonin und die einzige, die auch die ägyptische Sprache erlernte. Sie wurde von zwei römischen Generälen unterstützt, Julius Cäsar und Marc Anton. Als Augustus die Macht in Rom übernahm, erklärte er Marc Anton und Kleopatra den Krieg und besiegte sie im Jahr 31 v. Chr. Augustus fuhr nach Alexandrien und verlangte von Kleopatra völlige Unterwerfung. Die stolze Königin beging aber lieber Selbstmord.

RÖMERHERRSCHAFT

Augustus regierte als Kaiser bis 14 n. Chr. Ägypten blieb über 300 Jahre unter römischer Herrschaft und fiel im 4. Jahrhundert an Ostrom.

EIN RÖMISCHES PORTRÄT

Zur Römerzeit wurden die Porträts auf den Sargdeckeln immer naturgetreuer. Die Künstler vermischten Farben mit Bienenwachs und erhielten so leuchtende Bilder.

GRIECHENHERRSCHAFT

Im Jahr 332 v. Chr. besetzte Alexander der Große kampflos Ägypten. Er gründete das nach ihm benannte Alexandria in Unterägypten. Es wurde zur führenden Stadt im griechischen Reich.

SCHON GEWUSST?

Frühchristliche Einsiedler bewohnten einige der Königsgräber bei Theben. Sie hielten sich in den Kapellen oder Opferräumen, nicht aber in den Grabkammern auf.

SOLDATENSTIEFEL

Archäologen gruben in einem römischen Heerlager in Nubien Schuhe, Münzen und andere Ausrüstungsgegenstände aus.

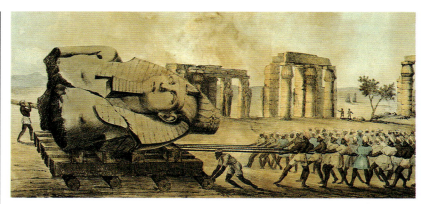

DER KOPF EINES PHARAOS
Im Jahr 1816 ließ Giovanni Belzoni diese gewaltige Büste von Ramses II. von Theben nach London bringen.

• NACHBARN UND NACHFOLGER •

Wiederentdecktes Ägypten

Es gibt viele Wege, das alte Ägypten neu zu entdecken. Man kann die Schätze der Pharaonen in Museen betrachten, oder man liest alte Reiseberichte, etwa die des griechischen Geschichtsschreibers Herodot. Öffentliche Bibliotheken haben heute sehr viele Bücher über Ägyptologie – so heißt die Wissenschaft von der ägyptischen Kultur. Als Napoleon im Jahr 1798 mit seiner Armee Ägypten eroberte, ließ er die unermeßlichen Schätze dieses Landes peinlich genau registrieren – und einen Teil davon auch mitgehen ... Seit jener Zeit hat die Ägyptologie große Fortschritte gemacht. Die Hieroglyphen wurden vollständig entziffert, so daß man heute die Steininschriften und die Papyri lesen kann. Wer einmal selbst nach Ägypten reist, wird vielleicht feststellen, daß sich die Landwirtschaft an manchen Orten seit der Antike kaum verändert hat. Noch heute verwenden die Menschen zur Bewässerung den Schaduf. Allerdings bestimmt die Nilflut nicht mehr ihr Leben.

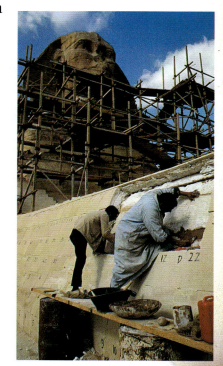

DIE RETTUNG DER SPHINX
Die große Sphinx in Gise hat im Laufe der Jahrtausende stark gelitten. Immer wieder wird sie eingerüstet, damit Restauratoren Teile sichern können, die abzubrechen drohen.

BEDEUTENDE MUSEEN
Im Britischen Museum in London sind Särge und Mumien zu sehen. Das Museum in Kairo zeigt Gegenstände aus Tutanchamuns Grab. Im Ägyptischen Museum in Berlin befindet sich die Büste der Nofretete.

SCHON GEWUSST?
Die Entdecker von Tutanchamuns Grab und viele, die mit dem Grabschatz zu tun hatten, starben auf geheimnisvolle Weise.

ALT UND NEU
Als die Pyramiden bei Gise erbaut wurden, waren sie von Wüste umgeben. Heute nähern sich ihnen die Vorstädte von Kairo.

DIE REISE DER *RA II*
Der norwegische Forscher Thor Heyerdahl wollte die Seetüchtigkeit ägyptischer Papyrusboote überprüfen. 1970 baute er die *Ra II* aus Papyrusbündeln. In 57 Tagen segelte das Boot von Marokko nach Westindien. Damit war zwar nicht bewiesen, daß die Ägypter dieselbe Reise durchgeführt hatten. Es stand aber fest, daß Papyrusboote wohl längere Seereisen aushielten.

Mehr darüber in In Stein gesetzt

Ägyptische Herrscherhäuser

Die Ägyptologen konnten aus Steininschriften und Angaben auf Papyri die Aufeinanderfolge der Pharaonen bestimmen. Im allgemeinen umfaßten die Dynastien oder Herrscherhäuser eine Familie. Ägypten erlebte dreimal eine Blütezeit. Während des Alten Reiches wurden die erste Pyramide in Sakkara und die drei Pyramiden in Gise erbaut. Im Mittleren Reich blühten der Handel, das Handwerk und die Künste, und es wurden viele Tempel errichtet. Zu Beginn des Neuen Reiches wurden die Hyksos vertrieben, und die Pharaonen errichteten das Neue Reich. Hier sind einige der wichtigen Pharaonen mit den ungefähren Daten ihrer Regierungszeit aufgeführt.

2920–2575 v. Chr. Frühzeit

2920–2770	1. Dynastie
2770–2649	2. Dynastie
2649–2575	3. Dynastie
	2630–2611 Djoser
	2611–2603 Sechemchet

Tongefäß mit Krokodilen

2575–2134 v. Chr. ALTES REICH

2575–2465	4. Dynastie
	2551–2528 Cheops
	2520–2494 Chephren
	2490–2472 Mykerinos
2465–2323	5. Dynastie
2323–2150	6. Dynastie
	2289–2255 Pepi I.
	2246–2152 Pepi II.
2150–2134	7.–8. Dynastie

Goldener Falkenkopf

2134–2040 v. Chr. 1. ZWISCHENZEIT

9.–10. Dynastie

11. (Thebanische) Dynastie

2040–1640 v. Chr. MITTLERES REICH

| 2040–1991 | 11. Dynastie (ganz Ägypten) |
| | 2061–2010 Mentuhotep |

Goldene Schlange

Flußpferd aus Fayence

1991–1783	12. Dynastie
	1991–1962 Amenemhet I.
	1971–1926 Sesostris I.
	1929–1892 Amenemhet II.
	1897–1878 Sesostris II.
	1878–1841 Sesostris III.
	1844–1797 Amenemhet III.
	1799–1787 Amenemhet IV.
	1787–1783 Nefrusobek
1783–1640	13.–14. Dynastie

Grabstele von Amenemhet I.

1640–1550 v. Chr.	2. ZWISCHENZEIT	
	15. (Hyksos) Dynastie	
	16.–17. Dynastie	

1550–1070 v. Chr.	NEUES REICH	
1550–1307	18. Dynastie	
	1550–1525	Amosis
	1525–1504	Amenophis I.
	1504–1492	Thutmosis I.
	1492–1479	Thutmosis II.
	1479–1425	Thutmosis III.
	1473–1458	Hatschepsut
	1427–1401	Amenophis II.
	1401–1391	Thutmosis IV.
	1391–1353	Amenophis III.
	1353–1335	Amenophis IV./Echnaton
	1335–1333	Semenchkare
	1333–1323	Tutanchamun
	1323–1319	Eje
	1319–1307	Haremheb
1307–1196	19. Dynastie	
	1307–1306	Ramses I.
	1306–1290	Sethos I.
	1290–1224	Ramses II.
	1224–1214	Merenptah
	1214–1204	Sethos II.
	1204–1198	Siptah
	1198–1196	Tawosre
1196–1070	20. Dynastie	
	1196–1194	Sethnachte
	1194–1094	Ramses III.–XI.
1070–712 v. Chr.	3. ZWISCHENZEIT	
	21.–24. Dynastie	

Büste von Echnaton

Die Göttin Selket

712–332 v. Chr.	SPÄTZEIT	
712–657	25. Dynastie (Nubien und Ägypten)	
	712–698	Schabako
	690–664	Taharka
664–525	26. Dynastie	
	610–595	Necho II.
	570–526	Amasis
525–404	27. (Persische) Dynastie	
	521–486	Darius I.
	486–466	Xerxes I.
404–399	28. Dynastie	
399–380	29. Dynastie	
380–343	30. Dynastie	
	380–362	Nektanebos I.
343–332	31. (Persische) Dynastie	
332 v. Chr.– 395 n. Chr.	GRIECHISCH-RÖMISCHE PERIODE	
	332–323	Alexander III., der Große
	304–284	Ptolemaios I.
	246–221	Ptolemaios III.
	51–30	Kleopatra VII.
	30 v. Chr.–14 n. Chr.	Augustus

Kanopen

Fachbegriffe

Schminkbehälter aus Fayence

Grabmalerei

Ägyptologie Die Wissenschaft von der Kultur der alten Ägypter. Die größte Rolle spielt dabei die Archäologie. Die letzten Reste der altägyptischen Kultur verschwanden im 16. Jahrhundert, als die koptische Sprache unterging, die dem Altägyptischen nachfolgte.

Amulett Ein kleiner Gegenstand, der Unheil, Krankheit und Gefahren abwenden und Glück bringen soll. Amulette wurden meist am Körper getragen. Es gab auch Amulette für Haustiere.

Archäologie Die Wissenschaft von den Resten der antiken Kulturen. Zu den wichtigsten Hilfsmitteln der Archäologie gehören die Ausgrabungen.

Ba Ein ägyptisches Wort für den Geist eines Menschen, vielleicht mit „Seele" zu übersetzen.

Carter, Howard (1874 bis 1939). Ein englischer Archäologe, der die Gräber von Hatschepsut, Thutmosis IV. und Tutanchamun fand. Seine Grabungsarbeiten wurden teilweise von Lord Carnarvon finanziert, der 1923 kurz nach der aufsehenerregenden Entdeckung des Grabes von Thutanchamun durch einen Moskitostich starb.

Champollion, Jean-François (1790 bis 1832). Ein französischer Fachmann für orientalische Sprachen. Er begründete die Ägyptologie, weil es ihm gelang, einen Teil der Hieroglyphen mit Hilfe des Steins von Rosette zu entziffern.

Deben Ein Metallring, den die Händler am Markt als Gewichtsstein nutzten. Ein Deben wog rund 90 Gramm.

Demotisch Eine vereinfachte Schriftform der ägyptischen Sprache. Sie entwickelte sich ungefähr ab 600 v. Chr. Die demotische Schrift wurde vor allem in der Verwaltung verwendet.

Dolerit Ein hartes Lavagestein, mit dem die alten Ägypter andere Steine bearbeiteten.

Dynastie Ursprünglich griechische Bezeichnung für eine Herrscherfamilie. Das alte Ägypten wurde während seiner fast 4000 jährigen Geschichte von 31 Dynastien regiert.

Einbalsamieren Ein Verfahren, Leichname so zu behandeln, daß sie vor Verwesung geschützt sind. Solche einbalsamierten Leichname heißen Mumien.

Kartuschen

Zeremonialaxt

Trägerfigur aus Holz

Fayence Buntglasierte Tonwaren. Die Glasur entstand während des Brennens.

Flachs Die Pflanze, aus der Leinen hergestellt wird. Statt Flachs kann man auch Leinen sagen.

Fries Mit Figuren oder Malereien geschmückte streifenförmige Fläche am Gebälk von Tempeln und auf Wänden von Gräbern.

Gau Eine Verwaltungseinheit im alten Ägypten. Das ganze Land war in 42 Gaue unterteilt: 22 in Oberägypten und 20 in Unterägypten.

Geißel Herrscherzeichen des Pharaos, oft auch als Dreschflegel bezeichnet.

Gummi arabicum Ein weiches Harz verschiedener Akazienarten. Man gewinnt das Gummi arabicum noch heute aus dem Saft der Bäume durch Einritzen der Rinde. Die alten Ägypter verwendeten es bei der Herstellung ihrer Farben.

Herodot (490 bis nach 430 v. Chr.). Griechischer Schriftsteller, auch Vater der Geschichtsschreibung genannt. Herodot besuchte Ägypten und schrieb seine Beobachtungen auf. Sie sind eine wichtige Geschichtsquelle.

Hieratisch Eine vereinfachte Form der Hieroglyphenschrift. Hieratisch schrieb man auf Papyrus, Ton und Holz.

Hieroglyphen Ägyptische Schrift in Form von Bildern. Ursprünglich handelte es sich um eine echte Bilderschrift. Jedes Ding hatte sein eigenes Zeichen. Doch bald standen die Zeichen nur noch für einen oder mehrere Laute, und man schrieb mit ihrer Hilfe auch ursprünglich sinnfremde Wörter. Deswegen waren die Hieroglyphen schwierig zu entziffern.

Hyksos Aus Asien stammendes Volk, das um 1650 v. Chr. Ägypten eroberte. Hundert Jahre darauf wurden die Hyksos wieder vertrieben.

Ka Ägyptisches Wort für die Lebenskraft eines Menschen. Sie entsteht bei der Geburt und schwindet beim Tod.

Kanopen Vier Krüge aus Stein, Ton oder Holz, in denen die Eingeweide von Mumien aufbewahrt wurden.

Karneol Ein roter Schmuckstein, der an der östlichen Küste gefunden wurde.

Kartusche Ein Königsring in ovaler Form mit Hieroglyphen im Inneren. Mit zwei Kartuschen wurde der Name eines Pharaos dargestellt.

Krummstab Ein Herrscherzeichen des Pharaos, nicht unähnlich dem Krumm- oder Hirtenstab, wie ihn heute noch katholische Bischöfe haben.

Kusch Ein Land südlich des alten Ägyptens. Kusch war vermutlich die äthiopische Bezeichnung für Nubien. Vielleicht war damit aber auch der Südsudan gemeint.

Lapislazuli Ein dunkelblauer Schmuckstein, der früher – wie auch heute noch – praktisch nur in Afghanistan abgebaut wurde und auf dem Land oder Seeweg nach Ägypten gelangte.

Malachit Ein sattgrüner Schmuckstein, ein Kupfererz, das die Ägypter oft gemahlen als Schminkfarbe verwendeten.

Mumifizierung Bei der Mumifizierung wird aus einem frischen Leichnam eine getrocknete Mumie. Die Mumifizierung besorgten besondere Priester, die Einbalsamierer.

Natron Ein Salz, das an einer Stelle in der Wüste gewonnen wurde. Man verwendete es beim Einbalsamieren, weil es der Leiche die Feuchtigkeit entzog.

Nomarch Ein hoher Regierungsbeamter und Verwalter eines Gaues, von denen es im alten Ägypten 42 gab.

Oase Eine fruchtbare Stelle in der Wüste, in der Wasser an die Oberfläche tritt und ein üppiges Pflanzenleben ermöglicht.

Papiermaché Ein leichtes und doch widerstandsfähiges Material aus Papyrusschnipseln, die mit Leim versetzt wurden. Mumiensärge bestanden oft aus Papiermachè.

Papyrus Übermannshohes Sauergras am Nil. Aus dieser Pflanze wurde der Beschreibstoff des Altertums hergestellt, der ebenfalls Papyrus heißt. Auch unser Wort „Papier" geht direkt auf den „Papyrus" zurück.

Pharao Herrscher im alten Ägypten. Der Titel bedeutete ursprüngich „Großes Haus" und bezog sich auf den Palast des Herrschers.

Punt In den Inschriften oft genanntes Land südlich von Ägypten. Seine genaue Lage ist nicht bekannt.

Relief Eine plastische Darstellung, bei der die Hintergrundfläche erhalten bleibt. Reliefs können erhaben oder vertieft sein. Je nach Höhe der Darstellung unterscheidet man Flachreliefs und Hochreliefs.

Sarkophag Ein Prunksarg. Oft waren mehrere Sarkophage ineinander verschachtelt. Der innerste enthielt die Mumie.

Schaduf Ein Schöpfgerät zur Wasserhebung und Bewässerung. Der Schaduf ist heute noch in Ägypten in Gebrauch.

Skarabäus Darstellung des Pillendrehers, eines Mistkäfers, den Ägypter als heilig verehrten. Viele Amulette waren Skarabäen.

Tauschhandel Kulturen ohne Geld kannten nur den Tauschhandel. Man tauschte verschiedenartige Güter nach ihrem Wert.

Totenbuch Eine Sammlung von Sprüchen, die dem Toten im Jenseits von Nutzen sein sollten. In den Totenbüchern sind allerlei Ratschläge für das Verhalten im Jenseits gesammelt.

Türkis Blaugrüner Schmuckstein, der von der Halbinsel Sinai importiert wurde.

Uschebti Kleine Figuren aus Stein, Keramik oder Holz, die den Toten mitgegeben wurden. Die Uschebti sollten den Verstorbenen im Jenseits die Arbeit abnehmen.

Weihrauch Gummiharz aus einem südarabischen Strauch oder Baum. Kalter Weihrauch ist nahezu geruchlos. Nur wenn er verbrennt, entwickelt er seinen sehr aromatischen Duft.

Wesir Der höchste Beamte im alten Ägypten, sozusagen der Ministerpräsident, der vom Pharao eingesetzt wurde. Wesir ist allerdings ein arabisches Wort.

Goldene Gesichtsmaske des Tutanchamun

Kamm und Spielsachen

Pyramiden bei Gise

Stein von Rosette

Krokodilsmumie

Register

A
Abu Simbel 6, 32
Ackerbau 36, 37
Ägyptologie 58, 62
Alexander der Große 9, 56, 57
Alexandria 6, 57
Altes Reich 7, 8, 26
Altsteinzeit 7
Amarna 10, 49
Ammit 22
Amulett 21, 44, 45, 62
Amun-Re 14, 15, 17, 21, 51
Anubis 15, 21, 22
Araber 56
Arbeitslohn 52
Archäologie 62
Arzt 44
Assuanstaudamm 33
Assyrer 57
Aton 49
Auge des Horus 44
Augenschminke 40
Augustus 57

B
Ba 18, 19, 62
Bastet 51
Begräbnis 27–30
Bes 14, 45
Bett 38
Bewässerung 37

C
Carnarvon, Lord 27, 62
Carter, Howard 27, 29, 62
Champollion, Jean-François 43, 62
Cheopspyramide 24, 26, 31, 57
Chephrenpyramide 25, 57
Christentum 43, 56, 57

D–E
Datteln 36
Deben 13, 62
Deir el-Medina 29
Demotisch 43, 62
Dolch 54
Dolerit 24, 62
Dörfer 38
Dritte Zwischenzeit 9
Dynastie 60–61, 62
Echnaton 49
Einbalsamierer 20, 21, 62
Eisenoxid 48
Entzifferung 43
Ernährung 13, 39
Erste Zwischenzeit 8
Erziehung 42

F
Familienleben 38, 39
Farben 48, 49
Fayence 47, 62
Feiern 50, 51
Feste 50, 51
Fettkegel 50, 51
Fischfang 34, 35
Flachs 40, 62
Frauenarbeit 13
Frisur 41

G
Garten 36, 38
Gau 8, 12, 62
Geißel 11, 15, 62
Gise 6, 24
Glas 47
Glücksbringer 45
Gold 52, 53
Götter 14–17
Götterstatuen 16
Gottkönig 10
Grabbeigaben 23, 27, 29
Gräber 25–30
Grabmalerei 48, 49
Grabräuber 27, 29
Grenzsteine 37
Griechen 56, 57
Gummi arabicum 48, 62

H
Handel 52, 53
Handwerk 46
Handwerker 12
Haremheb 10
Hathor 14
Hatschepsut 6, 10, 32, 53
Haus 38, 39
Heilkunst 44
Heirat 38
Henna 41
Herodot 34, 58, 62
Herrscherhäuser 60, 61
Heyerdahl, Thor 59
Hieratisch 42, 62
Hieroglyphen 10, 34, 42, 43, 62
Hohepriester 16, 17
Horus 15, 16, 23, 44
Hyksos 9, 54, 62

I–J
Isis 14, 15
Islam 56
Jahreszeiten 34
Jungsteinzeit 7

K
Ka 18, 62
Kanopen 20, 28, 62
Karnak 6, 17, 51
Karneol 63
Kartusche 10, 63
Katze 38
Katzengöttin 51
Kinderlähmung 44
Kinnbart 10
Klagefrauen 30
Klappern 50
Klapperstab 16
Kleidung 40
Kleopatra 57
Knickpyramide 26
Knochentuberkulose 44
Kosmetik 40, 41
Krieg 54, 55
Kronen 11
Krummstab 11, 63
Künstler 48
Kurzschwert 54
Kusch 6, 63

L
Landwirtschaft 36, 37
Lapislazuli 63
Leben nach dem Tod 18, 19
Lebenskraft 18
Leichenzug 29
Leinen 40
Lendenschurz 40
Leopardenfell 40
Lotos 7
Luxor 32

M
Magie 44
Make-up 40
Malachit 48, 63
Malerei 48, 49
Markt 12
Memnonskolosse 32
Mentuhotep II. 8, 60
Metallverhüttung 47
Mittleres Reich 8
Mode 41
Mumie 18–21, 23, 45
Mumifizierung 20, 21, 23, 63
Musik 16

N
Napoleon 58
Narmer 7
Natronsalz 20, 63
Neues Reich 9
Nil 6, 34–36
Nildelta 6
Nilflut 36
Nofretari 29, 30
Nofretete 10
Nomarch 8, 12, 63
Nubier 56

O–Q
Oase 63
Oberägypten 6, 7
Öffnung des Mundes 22, 30
Opetfest 51
Orden 55
Orion 25
Osiris 14, 15, 21–23
Papiermaché 19, 63
Papyrus 34, 35, 43, 48, 63
Papyrusboot 59
Parfüm 40
Pepi II. 8, 60
Perser 56
Perücke 41
Pflug 37
Pharao 8, 10–12, 32, 56, 63
Pigmente 48
Piraten 54
Porträt 57
Prozession 16, 17, 29, 30
Ptolemaios 56, 61
Punt 63
Pyramiden 24–27, 31

R
Ra II 59
Ramses II. 32, 61
Ramses III. 54, 61
Re 14, 15, 17, 21, 51
Relief 49, 63
Religion 56
Restaurierung 29
Römer 57
Ruß 48

S
Sachmet 14
Sandalen 40
Sarg 19, 58, 59
Sarkophag 18, 63
Schaduf 37, 63
Schiffe 9, 23, 31, 53
Schminke 40
Schminktöpfchen 41
Schmuck 40, 41
Schreiber 42, 43
Schule 42, 43
Seele 18
Sekenenre 45
Seth 21
Sistrum 16
Skarabäus 63
Sklaven 12
Soldaten 54, 55
Sonnengott 14, 15, 21
Spätzeit 9
Sphinx 6, 9, 25, 58
Spiegel 40
Spiele 39
Stein von Rosette 43
Steinzeit 7
Steuern 12, 13, 36, 42
Streik 47
Streitwagen 9, 54, 55
Stufenpyramide 26

T
Tal der Könige 27–30
Tanz 50, 51
Tauschhandel 13, 52, 63
Tempel 16, 17, 32, 33
Theben 6, 27
Thoeris 44
Thron 11
Thutmoses IV. 7, 61
Tischsitten 50
Toth 14, 22, 23
Totenbuch 22, 63
Transport 34
Tribut 52, 53
Tutanchamun 11, 18, 21, 27, 28, 30, 35, 54

U–W
Unterägypten 6, 7
Uschebti 22, 28, 63
Verteidigung 54, 55
Viehzählung 13
Vogeljagd 7, 35
Waffen 54, 55
Wäschewaschen 34
Weben 47
Weihrauch 53, 63
Wein 39
Werkstätten 46
Wesir 12, 63
Wohnhaus 38, 39
Wurfholz 7, 35
Wüste 6

Z
Zedern 52
Zwei Reiche 7
Zweite Zwischenzeit 9

Bildnachweis

(l=links, M=Mitte, o=oben, r=rechts, u=unten, B=Bildsymbol, H=Hintergrund, R=Rückseite, U= Umschlag, V=Vorderseite)
Ashmolean Museum, Oxford, 44Mo. **Austral International**, 33or (Colorific!/Terence Spencer). **Australian Picture Library**, 32oM (D.&J. Heaton), 51or. **Bildarchiv Pressischer Kulturbesitz**, 9ur (Vatican Museum, Rome), 18ol, 21ur, 63or (Egyptian Museum, Cairo), 35ur (Egyptian Museum, Cairo/M. Büsing), 61oM (Egyptian Museum, Cairo/ J. Liepe), 10uM (Staatliche Museen, Berlin). **British Museum**, 6Ml, 7ur, 7ol, 14Ml, 14or, 15ur, 15oM, 15or, 16or, 17Mr, 19Mr, 20ol, 20or, 21or, 22/23u, 22Mr, 23Ml, 23Mr, 23o, 35Mr, 37ur, 37Mr, 39Mr, 41ur, 41or, 42or, 41ol, 44M, 46uM, 46Ml, 46ul, 47or, 48Mr, 48ol, 50ur, 52ol, 53Mr, 56oM, 57or, 57ol, 58ol, 61r, 62ol, 63uMr, 63oMr. **Continuum Productions Corporation**, 16uM (R. Wood). **C. M. Dixon**, 56uM. **Enrico Ferorelli**, 21ol. **Griffith Institute, Ashmolean Museum**, 18oM, 19or, 28Ml, 29ol. **Hirmer Fotoarchiv, Munich**, 50oM. **The Image Bank**, 26M, 63Mr (R. Lockyer). **John Rylands University Library of Manchester**, 32or. **Jürgen Liepe**, 8ul, 8ur, 8uM, 11ur, 12ul, 13oM, 14uMl, 22Mr, 23M, 25ur, 25ol, 27ul, 28ur, 29or 38ol, 47Mr, 47or, 48uM, 48Ml, 49ul, 49ur, 50ol, 53ur, 54ul, 54ur, 55oM, 55or, 60ur, 60uM, 60Mr, 60Ml, 60or, 61uM, 62ul, 63ur. **Manchester Museum**, 52Ml (Neg. no. 2138). **Giulio Mezzetti**, 53ul. **Musees Royaux D'Art**, 44oMl. **National Geographic Society**, 31uM (V. Boswell), 30l, 58uM (O.L. Mazzatenta). **National Museums of Scotland**, 7uMl. **Ny Carlsberg Glyptotek**, 44ul. **Picture Media**, 29ul (Francolon-Gaillarde/Gamma). **Robert Harding Picture Library**, 54Ml, 54ol (F.L. Kenett), 56ol (T. Wood), 15ul, 17ur, 26ol, 32ul, 59or. **A.J. Spencer**, 6ol. **St. Thomas' Hospital**, 19ur (S. W. Hughes). **Thames & Hudson Limited**, 20ul. **Geoff Thompson**, 10Ml, 62Ml. **Werner Forman Archive**, 7Mur, 14ol, 43or, 45or, 50ul (British Museum), 24uc, 43M, 44or (Egyptian Museum, Cairo), 46M (Petrie Museum, University College, London), 22or (Royal Musem of Art and History, Brussels), 36ul, 38oM (E. Strouhal), 40ul (The Louvre), 7uM, 30or, 45ur.

Grafik

Paul Bachem, 34/35M, 34or, 35or. **Kerri Gibbs**, 46/47M, 46ol. **Mike Gorman**, 25Mr, 30oM, 31ol. **Christa Hook/Bernard Thornton Artists, UK**, 52/53M. **Richard Hook/Bernard Thornton Artists, UK**, 2/3, 10/11M, 10oM, 11or, 20/21M, 27–30M, 50/51M. **Janet Jones**, 4uM, 4or, 5uM, 12/13M, 13or, 16l, 16M, 16/17M, 17or, 42/43M, 42ol, 43Mr, 43r. **Iain McKellar**, 1, 4l, 5ur, 14/15M, 18/19M, 24/25M, 25uM. **Peter Mennim**, 40/41M, 45M. **Paul Newman**, 56/57M, 57oM. **Darren Pattenden/Garden Studio**, 38/39M, 38ul, 39or, 48/49M. **Evert Ploeg**, 26/31M. **Trevor Ruth**, 32/33M, 58/59M. **Ray Sim**, 6/7M, 7ul, 7Ml, 7or, 59ur. **Mark Sofilas**, 8/9M, 9uM. **C. Winston Taylor**, 36/37M, 37Ml, 54/55M. **Steve Trevaskis**, 4ur, 5or, 6ur, 27ur, 28uM, 40or. **Rod Westblade**, endpapers, icons.

Umschlag

Australian Museum, H (C. Bento) **Werner Forman Archive**, RUol (Egyptian Museum, Cairo) **Jürgen Liepe**, RUr, VUol **Peter Mennim**, VUu **Ray Sim**, VUl